Über dieses Buch

Bei diesem »Astrologiekurs für Einsteiger« wende ich mich an alle, die einen systematischen Zugang zur Kunst der Horoskopdeutung suchen und bislang keine oder nur sehr vage Vorstellungen über den Tierkreis, die Häuser und die Planeten haben. Er richtet sich bewußt an Menschen, die bei ihrem ersten Kontakt mit der Astrologie nicht mit Schlagworten und Tabellen alleine gelassen werden wollen, sondern eine Art »bücheren Lehrer« suchen, der sie zwar bei der Hand nimmt, ihnen aber doch die Chance läßt, eine eigene Sicht der Dinge zu entwickeln.

Damit Sie das Beste für sich und Ihr Astrologiestudium aus diesem Buch herausholen können, möchte ich Ihnen einige Empfehlungen zur Lektüre mit auf den Weg geben:

Der Aufbau der Kapitel

Die Kapitel sind konsequent aufeinander aufgebaut. Das Buch ist deshalb nicht geeignet, kreuz und quer gelesen zu werden, da es keine Listen und Tabellen enthält, in denen Sie einfach die Bedeutungen astrologischer Komponenten ablesen könnten. Diese Bedeutungen sollen Sie im Laufe der Lektüre Schritt für Schritt selbst erarbeiten. Auf vieles, was in der aktuellen Astrologie »en vogue« sein mag, wurde dabei verzichtet, aber auch viele andere Details konnten zugunsten von Einfachheit und Klarheit nicht berücksichtigt werden. Tatsächlich ging es mir darum, ein Fundament zu schaffen, auf dem Sie Ihre Studien in eigener Regie fortsetzen können. An entsprechenden Stellen und im Anhang weise ich auf Literatur hin, die mir zur Vertiefung geeignet erscheint und leicht zugänglich sein dürfte. Selbstverständlich ist dies eine sehr persönliche und unvollständige Auswahl.

Die Übungen

In jedem Kapitel gibt es Übungen, die jedoch mehr sind als nur »Tests«, um zu überprüfen, ob Sie »richtig« gelernt haben. Vielmehr sind sie wesentlicher Bestandteil der »Lektionen« und dienen dazu, die theoretischen Grundlagen in der Anwendung zu festigen und zu vertiefen. Letztlich ist es auch gar nicht entscheidend, ob Sie dann mit den Lösungsvorschlägen im Anhang übereinstimmen – viel wichtiger ist, daß diese Übungen Ihnen die Kunst des astrologischen Denkens vor Augen führen und Ihre eigene Kreativität herausfordern sollen. Im unmittelbaren Unterricht bilden die Übungen die Grundlage einer Diskussion. Hier kann ich Sie nur dazu ermuntern, sich genügend Zeit zu nehmen, um darüber nachzudenken oder den Austausch mit Gleichgesinnten zu suchen.

Die Tafeln über die astronomischen Grundlagen

Ein weiterer wichtiger Bestandteil sind die Tafeln im Anhang dieses Buches, auf denen Ihnen in wenigen Worten und anschaulichen Grafiken die wichtigsten himmelsmechanischen und astronomischen Grundlagen des Horoskops vorgestellt werden. Dabei habe ich mich völlig an praktischen Gesichtspunkten orientiert und mich auf die Fakten beschränkt, die wirklich notwendig sind, um Astrologie aus der Anschauung des Himmels heraus zu begreifen. Sie können als eigenständiges Kapitel studiert werden, während im Text an entsprechender Stelle auf sie verwiesen wird.

Das Beispielhoroskop

Während der gesamten Lektüre wird Sie das Horoskop einer prominenten Persönlichkeit begleiten. Nach und nach werden Sie es kennenlernen, um an ihm Ihre ersten astrologischen Gehversuche zu unternehmen. Dabei können Sie zusehen, wie es in formaler und auch inhaltlicher Hinsicht von Kapitel zu Kapitel »wächst«: Jedesmal wird es um weitere Bausteine der Interpretation ergänzt. Der »Clou« besteht jedoch darin, daß Sie *nicht* wissen, um wen es sich handelt. Dies soll natürlich einerseits Spannung wecken, andererseits sollen Sie möglichst unvoreingenommen Ihr Wissen am konkreten Fall ausprobieren können. Am Ende des Buches können Sie anhand einer kurzen Biographie ihre Gedanken mit der Realität vergleichen. Vielleicht gelingt es Ihnen, der Versuchung zu widerstehen, vor dem Ende des Buches nachzublättern...

Horoskopberechnung

In diesem Buch werden Sie keine Anleitung zur Erstellung eines Horoskops finden – dies haben andere bereits ausführlich erledigt und soll an dieser Stelle nicht wiederholt werden. [1] Im übrigen können Sie in den meisten einschlägigen Buchhandlungen sich einen Horoskopausdruck besorgen. Und wer beschließt, Astrologie zu seinem Hobby zu machen, der kommt sowieso nicht umhin, sich ein Computerprogramm zu beschaffen, von denen es eine Vielzahl in allen Preislagen und für alle Ansprüche auf dem Markt gibt.

Die Sprache der Sterne

Astrologie ist einfach

> »Astrologie zu betreiben bedeutet ja nicht automatisch, daß man unlogisch werden muß!«
>
> *Michael Roscher*

Eigentlich gibt es nur zwei Positionen, die ein Laie gegenüber der Astrologie einnehmen kann: 1. Astrologie ist dummes Zeug, und 2. Astrologie ist eine wahnsinnig komplizierte, mysteriöse Wissenschaft. Da Sie dieses Buch in den Händen halten, gehe ich davon aus, daß Sie eher der zweiten Gruppe zuzurechnen sind und sich trotz allem ein Herz gefaßt haben, den Sprung ins kalte Wasser zu wagen. Ich kann nur sagen: Tun Sie es! Sie werden überrascht sein: *Astrologie ist einfach.*

Leider erwecken gerade »Experten« mit ihren oft genug in verschlungener Sprache vorgetragenen Faktenkaskaden den Eindruck, die Beschäftigung mit Astrologie sei eines dieser Privatgrundstücke am See, zu denen nur Auserwählte Zutritt hätten. *Lassen Sie sich nicht täuschen*: In Wirklichkeit bietet die Astrologie jedem von allen Seiten und zu jeder Zeit freien Zugang. Die *Sprache der Sterne*, wie ich das Wort »Astrologie« frei übersetze, läßt sich aus für jeden völlig einsichtigen Grunderfahrungen herleiten, die ihren Ursprung in der Anschauung des Himmels haben. Sie ist eine Sprache der Bilder, und ihre Bilderwelt erschließt sich uns ganz spontan. Daher ist, um diese Kunst zu lernen und zu verstehen, weder spezielles Vorwissen noch eine wie auch immer geartete besondere Begabung notwendig.

Auch benötigen Sie keine meterlangen Auflistungen spröder Stereotypen wie »Krebsmenschen sind leicht erregbar und wechseln häufig ihre Meinung«, »mit Sonne im 7. Haus wird der Ehepartner oft wohlhabend und berühmt sein« oder »Jupiter Quadrat Pluto erhofft sich große Gewinne bei möglichst geringen Investitionen«. *Lassen Sie sich nicht bevormunden:* Astrologie ist keine Sammlung spruchfertiger Weisheiten, sondern verlangt nach Ihrem persönlichen Einsatz, nach Ihrer eigenen Intelligenz und vor allem nach Ihrer eigenen Kreativität. Es mag zwar leichter erscheinen, sich das Wissen anderer wie an der Essensausgabe einer Kantine abzuholen – oft genug wird es jedoch zu einer schwer verdaulichen Kost, allein schon bei dem Gedanken, all diese zwar hübschen, doch oft leider klischeebeladenen Floskeln auswendig lernen zu müssen.

Astrologie ist mehr lebendige Kunst als »Malen nach Zahlen«. Der freie Pinselstrich, die eigenen Farben setzen zu lernen, die persönlichen Motive verwirklichen – das ist das Ziel, und mein Buch möchte Ihnen bei der Umsetzung dieses Vorhabens helfen.

Entlang der inneren Logik der Astrologie möchte ich Sie Schritt für Schritt darauf vorbereiten, ein Horoskop in seinen Grundzügen selbständig interpretieren zu können. Dabei sollen Sie auf jeder Etappe dieser Strecke die Möglichkeit haben, das Gelernte mit individuellen Erfahrungen zu ergänzen. Die Elemente der Astrologie werden so an

Fremdheit verlieren, werden zu persönlichen Inhalten, die Sie wiederum besser verstehen und integrieren können. Und: Sie finden Ihren ganz *eigenen* Zugang zur Bilderwelt der Astrologie.

Die *Sprache der Sterne* zu lernen kann Ihnen helfen, aus dem Rahmen des Gewohnten zu treten, sich aus einem anderen Blickwinkel mit sich und anderen zu beschäftigen, um sich aufs neue an das Abenteuer des Alltäglichen zu wagen. Sie werden bemerken, daß sich Ihnen auf diese Weise neue Chancen in der Wahrnehmung des Lebens auftun.

In den nun folgenden Abschnitten meiner Einleitung möchte ich Sie mit einigen grundsätzlichen Gedanken zur Astrologie vertraut machen. Dies betrifft Fragen nach dem Wesen der Astrologie ebenso wie nach der Funktion des Horoskops und der Rolle des Menschen, der sich die Astrologie zunutze machen möchte, um seinem Leben einen neuen gestalterischen Impuls zu verleihen.

Zwischen Himmel und Erde

»Freiheit – das ist ein eigentümliches Wort, weil wir nicht wissen können, was Freiheit ist. Wir können uns nicht einmal daran erinnern, wie es ist, wenn Freiheit fehlt. Folglich sind wir immer in einem Zustand des Zweifelns, ob das Wort Freiheit überhaupt etwas bedeutet. Und doch kommen wir nicht davon los, weil bei völliger Abwesenheit von Freiheit alles, was für uns Bedeutung hat, seinen Sinn verlieren würde.«

J. G. Bennett

»Wahr, wahr, ohne Zweifel und gewiß:
Das Untere gleicht dem Oberen, und das Obere dem
Unteren, zur Vollendung der Wunder des Einen.«[2]

So erzählt es die erste von zwölf Thesen auf der sagenumwobenen *Tabula Smaragdina*, der verschollenen »Smaragdtafel« des nicht weniger legendären HERMES TRISMEGISTOS. Das inzwischen schon geflügelte Wort der astrologischen Erkenntnislehre aus dem Munde des »dreimal großen Hermes«, oftmals etwas lieblos zu einem »Wie oben – so unten« abgekürzt, bezeichnet den Grundgedanken der Astrologie. Lassen Sie mich das Ganze nur ein wenig vom Staub der Jahrhunderte befreien und in eine etwas weniger mirakulöse Sprache übersetzen.
So wie wir uns den klassischen »Sterndeuter« vorstellen, sehen wir ihn als eine Figur, die ihren Blick auf den Himmel richtet, um den Lauf der Gestirne »oben« mit den Vorgängen auf der Erde »unten« zu vergleichen. Darum geht es der Astrologie im Kern: Sie will den Zusammenhang zwischen »oben« und »unten« offenlegen, sie will zeigen, wie

sich aus den Bewegungen der Gestirne Aussagen über das irdische Geschehen treffen lassen. Inmitten dieser Geschehnisse wiederum stehen wir Menschen.

Seine bestechende Klarheit bezieht dieser Ansatz daraus, daß die Bewegungen der Himmelskörper bestimmte zyklische Regelmäßigkeiten aufweisen und deshalb berechenbar und vorhersehbar sind. Somit repräsentiert der Himmel »oben« einen rhythmischen Plan, eine *Ordnung*, die wir am Lauf der Gestirne ablesen können.

Wir Menschen sehen uns dagegen in eine Welt hineingestellt, in der völlige Unordnung vorzuherrschen scheint, in der alles beständigem Wandel unterworfen ist.[1] »Alles fließt und nichts besteht« formulierte schon HERAKLIT die Tatsache, daß seit eh und je das einzig Sichere die Unsicherheit ist, weil wir nicht wissen, was sich aus den Chancen des Heute an zukünftigen Entwicklungen im Morgen ergeben mag. Kurz, das Grundgefühl auf der Erde »unten«, ob auf individueller oder auf kollektiver Ebene, wird von *Unordnung* bestimmt.

Offensichtlich aber können Menschen in einem sinn- und ordnungslosen Universum weder leben noch überleben, nur ungern wollen wir uns wie der sprichwörtliche Ball auf den Wogen der Zeit fühlen, wir haben Absichten, Pläne, wollen uns verwirklichen, und deshalb wäre es wohl mit das Schlimmste, beraubte man uns unserer Zukunft. Allein deshalb ist es ein zutiefst menschliches Bedürfnis, das Chaos auf irgendeine Weise planen zu können.

Der Mensch setzte dabei schon immer auf die Zuverlässigkeit des Himmels »oben«, um ein Gefühl für Ordnung im von Zufall gebeutelten »unten« abzuleiten. Dabei entwickelten sich jedoch zwei sehr gegensätzliche, bis heute vertretene Standpunkte, was die Rolle des Menschen zwischen »oben« und »unten« betrifft. Die einen betrachten den Menschen als vom Himmel bedingt, den Himmel somit als Ausdruck seines unentrinnbaren Schicksals, welches »in den Sternen geschrieben steht«. Andere aber sehen den Menschen als Gestalter seiner Zukunft, als Wesen, welches seinem Leben eigenständig einen Sinn verleihen kann. Dies ist allenfalls eine Frage des Glaubens, die zu beantworten jedem selbst überlassen bleiben muß. Mir jedoch erscheint die Vorstellung, eine ferngesteuerte Marionette zu sein, die bei der Gestaltung des eigenen Schicksals kein Wörtchen mitzureden hat, in einer Zeit, in der dem Individuum immer mehr Verantwortung für sein eigenes Fortkommen und das der Gesellschaft übertragen wird, etwas veraltet und an den Realitäten unserer Zeit vorbei.[2]

Was sich zwischen Himmel und Erde tut, zwingt uns im Grunde überhaupt nicht, an die Unabwendbarkeit des Schicksals zu glauben. Genausogut können wir eine Chance darin sehen, die harmonisch ihre Kreise ziehenden Gestirne »da oben« zum Maßstab unseres chaotischen Schaltens und Waltens »hier unten« zu machen. Mein Vorschlag bezieht sich darauf, den Menschen als Wesen zu sehen, für welches in der Spanne zwischen Heute und Morgen viele Augenblicke der Freiheit verborgen liegen. Diese kristallisieren sich nur dann zu unabwendbarem Schicksal, wenn sie nicht als Chance zur Veränderung erfaßt werden. Der Mensch kann vielleicht das Heranbrechen eines neuen Tages nicht verhindern, wohl aber den Sinn, welchen er ihm verleiht. Demnach hat Freiheit etwas damit zu tun, ob ich meiner Möglichkeiten bewußt bin und sie nutzen kann. Die Ordnung des Sternenlaufs weist mir hierbei die Wege, zeigt mir die Zusammenhänge, in welche sich meine Entscheidungen sinnvoll plazieren lassen.

Zwischen Himmel und Erde steht also der Mensch, und sein Horoskop ist ein Chronometer der Chancen, die sich in unendlicher Vielfalt zu jeder Sekunde seines Daseins auftun. Er braucht sie nur zu packen und in die Tat umzusetzen, bevor sie wieder ins Zeitlose verschwinden.

Das Horoskop – ein Augenblick der Ordnung

> »Gott würfelt sehr wohl, aber auch sein Würfel hat nur sechs Seiten.«

Kreisrund und übersät mit Ziffern, Zeichen und Linien – so mag sich Ihnen Ihr künftig wichtigstes Arbeitszeug, das Horoskop, präsentieren. Technisch gesehen ist es nichts anderes als eine nach besonderen Auswahlkriterien gezeichnete Karte des Himmels, wie er sich zu einer bestimmten Zeit und an einem bestimmten Ort dem Auge des Betrachters darbietet. Es ist eine Momentaufnahme jener fortwährenden regelmäßigen Bewegungen der Himmelskörper und lichtet ihre Positionen wie eine Fotografie ab (➹ Tafel II.1. und II.2.). Inhaltlich aber ist das Horoskop nichts anderes als ein Instrument, um das chaotische Dahinströmen der Zeit anzuhalten und jenen Augenblick sichtbar zu machen, der uns ein Gefühl von Ordnung geben kann.

Eigentlich kann ein Horoskop für jedes beliebige Ereignis, dessen Zeit und Ort wir kennen, erstellt werden, doch beschränkt sich der Löwenanteil der zeitgenö———

Astrologie auf einen Spezialfall: die Geburt eines Menschen, genauer gesagt auf den Moment des »Abkoppelns« des neuen menschlichen Organismus von dem der Mutter, signalisiert durch den ersten Atemzug.

Astrologie geht von der Annahme aus, daß es einen Zusammenhang zwischen Augenblick und Ort der Geburt und den zeitgleich abgebildeten Gestirnsständen gibt, sprich: zwischen »oben« und »unten«. Generationen von Astrologen haben sich auf die Suche gemacht, um diesen Zusammenhang zu erklären – keinem ist es wirklich gelungen, aber einige haben sehr schöne Vergleiche gefunden, die uns immerhin eine Ahnung vermitteln können, worum es im Ansatz geht.

Um es gleich vorweg zu sagen: Es ist äußerst unwahrscheinlich, daß sich die Wirksamkeit eines Horoskops aus tatsächlichen physikalischen Einflüssen von Sternen und Planeten auf das neugeborene Leben, z. B. über Anziehungskräfte, erklären läßt – alle irdischen Begleitumstände einer Geburt wirken stärker auf den Körper des Neugeborenen als ein Millionen Kilometer entfernter Planet. Meines Erachtens vermittelt die »Uhren-Metapher« ein treffenderes Bild: Hier stellt man sich vor, die Planeten wären wie riesige Zeiger einer kosmischen Uhr, die über ihre Stellungen zueinander die Qualität des Augenblicks messen – sie aber nicht *produzieren*, so wie eine Uhr Zeit lediglich mißt, sie aber nicht hervorbringt.

Dahinter öffnet sich ein weiterer Grundgedanke der Astrologie: Zeit ist nicht einfach etwas, was neutral verstreicht, sondern mit bestimmten Qualitäten behaftet ist, so daß jeder Augenblick eine typische Prägung besitzt. Das Horoskop zeichnet mit den Positionen der Himmelskörper diese Qualitäten auf und macht sie lesbar. Erinnern Sie sich aber daran, daß dies nicht bedeutet, daß bestimmte Augenblicke zwingend bestimmte Situationen erzeugen – jeder Augenblick ist der Startschuß in eine Zukunft voller Möglichkeiten, unendlich an der Zahl, aber qualitativ nicht beliebig.

Bei der Geburt wird Ihnen ein Augenblick und damit eine typische Qualität zugeordnet. Diese wiederum bildet die Grundlage Ihrer Persönlichkeit und ist gültig vom ersten bis zum letzten Atemzug. Das heißt: Zu jeder Sekunde Ihres Daseins verfügen Sie über ein und dasselbe Horoskop.

Nun widerspricht eine solche Aussage ganz offenkundig unserer allgemeinen Lebenserfahrung: Niemand käme doch auf die Idee, von sich zu behaupten, er sei mit dreißig Jahren derselbe Mensch, der er mit fünf, fünfzehn oder sogar mit fünfundzwanzig Jahren war.

Dieser Widerspruch löst sich auf, wenn Sie sich vergegenwärtigen, daß das Horoskop nicht das Leben selbst, sondern nur seine Möglichkeiten abbildet. Um einen Vergleich aus der Musik anzuwenden: Es gleicht dem Thema eine Melodie, welches Ihre Wesensart widerspiegelt. Das Leben, wie Sie es bis jetzt gelebt haben, ist *eine Variation* dieses Themas unter den unendlich vielen möglichen. In all Ihren Handlungen, Gefühlen und Gedanken »klingt« es unüberhörbar durch. Dadurch erhält Ihr Leben Kontinuität, einen »roten Faden«, und zugleich öffnet sich Ihnen mit jedem neuen Augenblick auch eine neue Chance, Ihr Leben im weiteren Verlauf anders zu »komponieren«.

Im Klartext heißt dies: Das Horoskop determiniert nichts, sondern ist eine Möglichkeitsstruktur.

So gesehen ist es eigentlich ausgeschlossen, den exakten Verlauf des Lebens aus einem Horoskop vorherzusagen: Jeder Moment Ihres Lebens birgt ja eine Vielzahl an Möglichkeiten in sich, und woher soll ein Astrologe wissen, welche davon sich tatsächlich verwirklichen wird? Er kann lediglich die Zeitqualität bestimmen, die auf Sie zukommt, und dann anhand der Kenntnisse über Ihr bisheriges Leben und seinem hoffentlich gesunden Menschenverstand die Vielfalt einschränken und den Bereich der Wahrscheinlichkeiten eingrenzen. Prognose[3] ist generell nicht unmöglich, aber das menschliche Leben steht nicht »in den Sternen«, sondern entfaltet sich über dem Thema des Horoskops als eine »geprägte Form, die lebend sich entwickelt«, wie GOETHE es in seinen *Orphischen Urworten* ausdrückte.[4]

Zu jedem Zeitpunkt meines Lebens verbindet mich mein Horoskop mit dem Augenblick meiner Geburt, dessen Qualität es widerspiegelt. Was kann mir dies nützen? Der Blick in mein Horoskop gibt mir in verfahrenen Situationen den Möglichkeitssinn wieder: Es zeigt mir, daß mein Leben eine Aneinanderreihung von Augenblicken ist, die aus dem *einen* Augenblick der Geburt hervorgegangen sind und sich in *unendlich viele* mögliche Augenblicke auffächern können. Dabei macht es mich jedoch nicht zum Spielball der Beliebigkeit, sondern läßt mich der für mich charakteristischen Qualität gewahr werden, wie sie aus der Ordnung des Himmels bei meiner Geburt abzulesen ist.

In Bildern denken

> »Durch die Worte werden die Bilder erklärt, aber wenn man die Bilder begriffen hat, kann man die Worte vergessen. Durch die Bilder werden die Ideen begründet, aber wenn man die Ideen begriffen hat, kann man die Bilder vergessen.«
>
> *Wang Pi*

Nach der Frage, *was* denn unter einem Horoskop zu verstehen sei, möchte ich mich nun dem *Wie* zuwenden: Wie interpretiere ich ein Horoskop?

Wenn das Horoskop einen bestimmten Moment auf der Erde mit Erscheinungen des Himmels verknüpft, es also eine Beziehung herstellt zwischen den Gestirnen und dem Menschen, ist Astrologie das Medium, um dazwischen fließende Informationen verständlich zu machen. So wie die Sprache zwischen zwei Menschen, gewährleistet sie als »*Sprache der Sterne*« die Kommunikation zwischen »oben« und »unten«.[5]

Die Sprache der Sterne besteht jedoch nicht aus Vokabeln, Buchstaben und Silben, sondern aus *Bildern*. Danach richtet sich auch die Methode, mit der ich Ihnen Astrologie zugänglich machen möchte: das Denken in Bildern, worunter die gedankliche Abbildung einer sinnlich erfahrbaren Sache oder Situation zu verstehen ist. Da sich Bilder nicht wie Begriffe auswendig lernen lassen, geht es hier vielmehr darum zu zeigen, wie man Bilder verinnerlicht, wie man sich mit ihnen beschäftigt, bis sie beginnen, einem ganz von selbst ihre Geschichten zu erzählen.

Nehmen Sie als Beispiel das Bild eines *Berges*.

Wenn Sie sich jetzt einen Berg vorstellen, wird sich in Ihrem Kopf mit aller Wahrscheinlichkeit das Bild einer fel-

sigen Anhöhe formieren, also etwas Konkretes und sinnlich Erfahrbares. Zwar mag jeder einen anderen Berg vor
Augen haben, doch wird jeder auch in der Lage sein, sich
etwas auszumalen, das auch andere als Berg im engeren
Sinne betrachten werden.

Dieses Bild ist in der Regel von persönlichen Vorstellungen
überlagert, wird Erinnerungen und Assoziationen wecken,
die sich von Mensch zu Mensch unterscheiden, je nachdem, welche Erfahrungen Sie mit dem Bild *Berg* verknüpfen: Sind Sie ein leidenschaftlicher Bergsteiger, wird ein
Berg etwas anderes für Sie sein als für den Menschen mit
Höhenangst. Auch dürften sich unterschiedliche Empfindungen ergeben, wenn Sie am Fuße der Alpen aufgewach-
sen sind oder beispielsweise an der Ostsee.

Allen diesen Vorstellungen, wie sie vor dem Hintergrund
der persönlichen Geschichte auftauchen, ist jedoch eine
grundsätzliche Bedeutungsebene unterlegt, an der mehr oder
weniger alle Menschen, sofern ihnen die gleichen Erfahrungen zugänglich sind, teilhaben. Während die individuellen
Erfahrungen zu einem Bild oftmals sehr konkret sind, entzieht sich diese Bedeutungsebene gern unseren Versuchen,
sie zu fassen. Sie nimmt eher die Gestalt kaum zu beschrei-
bender Empfindungen an, im Falle des *Berges* etwa als ein
Gefühl von Erhabenheit und Mächtigkeit. Egal, was Sie nun
persönlich beim Anblick eines Berges empfinden mögen,
diese kollektive Erfahrung schwingt bei allen stets mit.[6]

Man könnte auch sagen, ein Bild hat einen Bedeutungs-
kern, dem Menschen zwar unterschiedlich Ausdruck verleihen mögen, den sie aber in gleicher Weise empfinden.
Wie ein Magnet zieht dieser Kern eine Wolke von zusätzlichen Bedeutungen an, die individuellen Erfahrungen ent-

stammen und von uns spontan zugeordnet werden. Den Kern selber zu benennen ist jedoch schwer, und deswegen erfassen wir ihn leichter in einem Bild als in »tausend Worten«.

Das Prinzip dieses Buches folgt der Idee, Ihnen Bilder vorzuschlagen, die sehr nahe um jenen Kern in den Tierkreiszeichen, Planeten, Häusern usw. kreisen. Der nächste Schritt, diese Bilder in die Gewänder der eigenen Erfahrungen zu kleiden, liegt bei Ihnen. Tatsächlich werden Sie auf diese Weise mehr über die Sprache der Sterne lernen als über das stupide Auswendiglernen von Tabellen, da Sie die Bedeutung eines astrologischen Elementes als Bild abspeichern werden. Dieses Bild auf jeden beliebigen Sachverhalt anzuwenden und in eigenen Worten zum Ausdruck zu bringen, ist das Ziel des kreativen Umgangs mit Astrologie.

Aus der Anschauung geboren

»Das Auge des Menschen, der auf der Erde steht, ordnet den Aufbau des gesamten Universums in der Reihenfolge, die er wahrnimmt und setzt sich gewissermaßen als Mittelpunkt des ganzen Raumes. Wohin er auch die Strahlen seines Blickes entsendet, bestaunt er das in bewundernswerter Rundung gewölbte Werk des Himmels und glaubt, daß der Erdball in die Mitte des großen Werks gesetzt ist.«

Andreas Cellarius

Die Motive, denen die astrologische Bilderwelt zugrunde liegt, sind natürlich nicht willkürlich aus der Luft gegriffen, sondern finden ihren Ursprung im Blick des Menschen auf den Himmel über ihm.

Das erste Werkzeug des Menschen, um das Firmament zu betrachten, war das bloße Auge. Es offenbarte ihm einen Himmel voller Erscheinungen, die er zunächst so deutete, wie sie sich ihm zeigten: Er beurteilte das, was er sah, nach dem unmittelbaren Augenschein.

Schon bald kam man dahinter, daß der »Schein trügt«. Heute haben wir vieles über die tatsächlichen Verhältnisse am Himmel gelernt: Wir wissen, daß es einen Unterschied gibt zwischen dem, was sich dem Auge unmittelbar darbietet, und dem, was sich wissenschaftlich dahinter verbirgt. Doch auch wenn heute kein ernsthafter Mensch mehr die Behauptung vertreten würde, die Sonne umkreise die Erde und nicht umgekehrt, entspricht doch genau das Gegenteil unserer täglichen Erfahrung: Immer noch sehen wir die Sonne morgens auf- und abends untergehen – wider besseren Wissens.

Für uns Menschen hat das Wissen um die aus wissenschaftlicher Sicht *richtigen* Verhältnisse keine unmittelbare *Bedeutung*, weil sich unsere Erfahrungen auf die Welt beziehen, wie sie sich dem Blick unseres Auges anbietet.[7] Darauf baut sich die Wirklichkeit auf, die uns umgibt und in der wir unser Leben gestalten. Und diese Wirklichkeit zeigt uns eine Erde als ruhenden Mittelpunkt der Welt, und nicht ein ruhe- und rastloses Universum, in dem sich alles zueinander in Bewegung befindet. Dieses Empfinden ist die Grundlage des *geozentrischen Weltbildes*, auf der alle Astrologie beruht (✒ Tafel II.2.).

Deswegen ist der wissenschaftliche Standpunkt selbst für Astrologen nicht weniger gültig. Doch müssen wir zwei Weisen unterscheiden, den Himmel zu betrachten, und deshalb zwei Wirklichkeiten, welche von den jeweiligen

Sichtweisen hervorgebracht werden: Die eine basiert auf *Beobachtung*, die andere auf dem, was ich die *Anschauung* des Himmels nennen möchte. Beobachtung ist typisch für die naturwissenschaftliche Sicht und damit Grundlage für die Astronomie, während Astrologie aus der Anschauung geboren ist.

Das Ziel der *Beobachtung* ist es, den rein physikalischen und daher weitgehend objektiv feststellbaren Eigenschaften von Dingen auf die Spur zu kommen. Dazu ist es notwendig, sich als getrennt vom Gegenstand der Betrachtung wahrzunehmen, damit keine persönlichen Erwägungen, keine Gefühle und keine Vorurteile die Sicht der Dinge trüben. Mittels Beobachtung erhofft man sich, die Wirklichkeit so wahrnehmen zu können, wie sie ist.[8] Mit dieser Sichtweise hat Astrologie nichts zu tun. Sie interessiert sich ausschließlich für aus der Anschauung gewonnene Erkenntnisse.

Anschauung verzichtet auf die künstliche Trennung von Betrachter und Gegenstand, von Subjekt und Objekt. Es liegt ihr fern, die objektive Wahrheit über eine Sache herauszufinden: Sie untersucht, welche Bedeutung sie für den Betrachter besitzt. Für sie bedeutet Wahrnehmung etwas *für wahr nehmen*, für wahr halten, auch wenn es sich in der naturwissenschaftlichen Realität anders verhält oder sogar völlig falsch ist.

Ein Beispiel: Wie würden Sie die Farbe *Rot* aus der Sichtweise der Beobachtung beschreiben? Vielleicht würden Sie in einem Lexikon nachschlagen und herausfinden, daß als »rot« alle diejenigen Farben bezeichnet werden, die im Spektrum der Farben eine Wellenlänge von 600 Nanometer bis 780 Nanometer aufweisen.

Diese Beschreibung ist zweifelsohne sehr richtig, aber sie entspricht nicht der Wahrnehmung und spiegelt in keinster Weise die Erfahrungen des Momentes wider, in dem unser Blick auf etwas trifft, welches die Farbe Rot enthält. Die vom menschlichen Auge wahrgenommene Wirklichkeit verrät uns die physikalischen Fakten der Farbe nicht, sondern vermittelt uns ihre Bedeutung, und die läßt sich schwerlich in eindeutige Zahlen und Begriffe fassen. Hier überlagern sich mehrere Ebenen, angefangen von Ihrer ganz persönlichen, die Aussagen darüber trifft, ob Sie Rot mögen oder nicht, bis hin zum weiten Feld an Bedeutungen, die aus jenem kollektiv beeinflußten Kontext stammen, von dem im letzten Kapitel bereits die Rede war: Rot als Farbe der Liebe, Farbe des Blutes oder als Farbe, die Gefahr signalisiert, usw. Entscheidend dafür, welche dieser Bedeutungen Sie letztlich wahrnehmen werden, ist der Zusammenhang: Wenn Sie eine rote Ampel vor sich haben, werden Sie schwerlich auf amouröse Gedanken kommen, dagegen wird Sie der Anblick roter Rosen nicht vor dem Überqueren der Straße abhalten...

Ebenso steht es mit der astrologischen Anschauung: Sie beruft sich zwar auf die Himmelskörper, aber sie interessiert sich nicht für deren physikalische Existenz. Für sie ist nur wichtig, welche Wirklichkeit sie für den Menschen hat, welche Bedeutungen er ihnen beimißt. Sie nimmt das Beobachtete lediglich zum Anlaß, um aus dem Geschauten Bilder zu entwickeln, die diese Bedeutungen offenbaren.

Wenn Sie sich diesen Unterschied stets klar vor Augen halten, erübrigt sich das klassische Argument ihrer Gegner, Astrologie sei schon allein deshalb falsch, weil sie unbelehrbar am wissenschaftlich veralteten geozentrischen

Weltbild festhalte. Gewiß: Früher einmal gab es eine Zeit, in der Beobachtung und Anschauung des Himmels nicht getrennt wurden. Heute jedoch besitzt Astrologie keinen wissenschaftlichen Anspruch mehr, sondern bezieht sich völlig auf die subjektive Sicht der Dinge, denn genaugenommen steht im Horoskop nicht einmal die Erde im Mittelpunkt des Universums, sondern der Mensch selbst ist es, über dem sich mit all seinen Freuden und Leiden, seinen Stärken und Schwächen der Himmel mit seinen Gestirnen aufspannt.

Der Tierkreis

Tierkreis und Jahreslauf

Der Tierkreis ist die bedeutsamste Struktur der Astrologie. Auch wenn später er als Einzelfaktor in der konkreten Interpretation an Priorität verliert, leiten sich sämtliche Bedeutungen aus dem tiefergehenden Verständnis seiner Inhalte ab. Auf ☛ Tafeln III.2. und III.3. können Sie sehen, daß der Tierkreis eine Abbildung des Jahreskreises ist, also der scheinbaren jährlichen Umlaufbahn der Sonne um die Erde. Dabei bewirkt eine *himmlische* Bewegung eine *irdische* Veränderung: Die periodischen Schwankungen des Einfallswinkels der Sonne rufen den Zyklus der Jahreszeiten hervor. Die vier leicht zu beobachtenden Positionen der Sonne zu den Jahreszeitenwechseln werden zu Orientierungspunkten in diesem Wandel: Sie erhalten *Signalwirkung* für den Menschen, der sein Leben innerhalb des Jahreskreises organisieren und in den Lauf der Natur zu seinem Nutzen ordnend eingreifen möchte.

Der Tierkreis beschreibt das Jahr in Form von *Bildern*, in denen sich die Erfahrungen des Menschen spiegeln, wie er sie parallel zu den sich verändernden Bedingungen des Jahres erleben kann: Sie offenbaren, was dem Menschen der Wandel des Jahres *bedeutet*. Der Tierkreis ordnet den zyklischen Veränderungen bestimmte Erlebnisinhalte zu.

Diese Inhalte bilden schließlich die Grundlage für das Muster der zwölf Tierkreiszeichen.

Der Tierkreis als Zyklus der Jahreszeiten

Nach der dunklen und kalten Periode des Winters gewinnen die Tage und die Kraft der Sonne wieder die Oberhand: Es wird **FRÜHLING**.

WIDDER. Das Leben, das lange Zeit unter einer Decke von Eis und Schnee verschlossen lag, entwickelt im Frühling ein unglaubliches Maß an Energie. Die Prozesse in der Vegetation beschleunigen sich, angefangen vom Aufbrechen der neuen Keimlinge, dem Knospen der Sträucher bis hin zum »Ausschlagen« der Bäume. Dem neuen Leben ist kein Widerstand zu groß, um aus dem dunklen Erdreich an das Licht der Sonne zu gelangen: Selbst der Asphalt wird von den nach oben drängenden Trieben gesprengt.

STIER. Was zuvor mit aller Kraft nach oben drängte, muß nun seinen Bestand im Boden sichern. Die jungen Triebe beginnen sich im Erdreich zu verwurzeln, wo sie sich Halt verschaffen und zugleich für ausreichende Versorgung mit Nährstoffen sorgen, um das weitere Wachstum und damit die Existenz sicherzustellen.

ZWILLINGE. Ein guter Standort und eine ausreichende Versorgung zeigen sich jetzt in der Blüte der Pflanze, die sich in alle Richtungen verzweigt und verästelt hat. Ihr Duft und ihre Farben locken Insekten an, die sich niederlassen und den Blütenstaub zur nächsten Blüte tragen – sie stellen den Kontakt zwischen den Pflanzen her und ermöglichen deren Befruchtung.

Mit dem längsten Tag im Jahr hat die Sonne ihren höchsten Punkt am Himmel erreicht und wendet sich wieder abwärts: Der **SOMMER** hält Einzug.

KREBS. Wenn sich die Blütenblätter von den Fruchtständen lösen, zieht sich das Leben der Pflanze in ihr Inneres zurück. Die Energie konzentriert sich in den neuen Keimzellen, um die sich die schützende und nährende Schicht der Frucht bildet.

LÖWE. Mit der heißesten Zeit im Jahr verlangsamt sich das Tempo in der Natur. Doch an den unscheinbaren Fruchtständen reifen allmählich Früchte, die schon bald in prunkvollen Farben leuchten: Die Natur kehrt das Innere wieder nach außen, zeigt sich in verschwenderischer Fülle.

JUNGFRAU. Will der Mensch aus dieser Fülle Nutzen ziehen, muß er sich jetzt ans Werk machen, denn die Natur bereitet sich darauf vor, die neuen Keime in den Früchten wieder dem Kreislauf der Vegetation zuzuführen.
Auf den richtigen Zeitpunkt kommt es dabei an: Sorgfältig muß der Mensch die Ernte planen und durchführen. Schließlich muß die Spreu vom Weizen getrennt und die

Vorräte angesichts der herannahenden kalten Jahreszeit gesichert werden.

Schließlich gleichen sich die Tage und Nächte um den 23. September wieder an: Der **HERBST** beginnt.

WAAGE. Nach all den Anstrengungen und Mühen des Spätsommers läßt es die mildere und angenehmere Witterung zu, den Ausklang der warmen Jahreszeit gemeinschaftlich zu feiern. Man begegnet sich nicht mehr, um die Arbeit zu organisieren, sondern um ihre Früchte zu genießen und sie miteinander zu teilen. Und während sich die Blätter in farbiges Herbstlaub verwandeln, findet man endlich Zeit für die schönen Dinge des Lebens.

SKORPION. Die Schatten werden deutlich länger und die Nächte merklich dunkler. Die friedliche Idylle findet nun ihr Ende, während Herbstwinde die letzten Blätter von den Bäumen fegen und regenschwere Wolken den Himmel düster und bedrohlich erscheinen lassen. Das Absterben der Pflanzen, die ihre Samen in der Erde »begraben«, erinnert an die Vergänglichkeit allen Lebens: So wie die bunte Vielfalt der Natur am Boden zu Humus verrottet, ebnet der Tod alle Unterschiede ein, macht alle Menschen gleich.

SCHÜTZE. Das sichtbare Leben draußen ist bereits erloschen – übrig bleibt jedoch die Gewißheit, daß nach dem Sterben der Natur ein neuer Anfang des Lebens erfolgt. Für den Menschen ist dies das Signal, den Blick vom Boden zu heben und den Geist nach oben zu richten. Die Weite des sternenklaren Himmels über ihm erinnert ihn daran, daß es eine Ordnung hinter den Dingen gibt, einen Sinn, auf den er vertrauen kann.

Die Sonne wendet erneut ihre Richtung: Sie beginnt ab dem 21. Dezember wieder aufzusteigen und an Kraft zuzunehmen: Es wird **WINTER**.

STEINBOCK. Draußen ist es kalt und lebensfeindlich geworden, und die Menschen ziehen sich in ihre Häuser zurück. Das Leben in der Natur hat sich unter eine Decke aus Eis und Schnee zurückgezogen. Strenge Disziplin im Umgang mit den Vorräten ist oberstes Gebot, um das Überleben aller zu sichern. Die Bedürfnisse des einzelnen zählen nicht – er muß sich bedingungslos den Regeln der Gemeinschaft unterordnen.

WASSERMANN. Bewegung kommt in die Natur, und mancherorts bricht und knackt das Eis. Die länger werdenden Tage locken die Menschen wieder ins Freie. Sie spüren, daß die Zeit der Beschränkung bald eine Ende haben wird und daß man sich wieder freier geben kann. Karneval, der in diese Zeit fällt, ist der deutlichste Ausdruck dieses Empfindens: Bewußt werden verbindliche Spielregeln auf den Kopf gestellt und umgestürzt, der Narr wird zum König, der König zum Narren.

FISCHE. Wenn schließlich die Schneeschmelze eintritt und die Kraft der Sonne zunimmt, ist das Ende des Winters nahe. Wasser tritt über die Ufer, der Erdboden ist aufgeweicht, liegt formlos und brach da. Alles scheint sich im Übergang zu befinden und auf den Beginn eines neuen Zyklus des Lebens zu warten...

Tierkreis-Systematik 1

Der Kreislauf schließt sich, und ein neues Jahr beginnt. Zwei Strukturen kommen aus diesem Blickwinkel besonders deutlich zur Geltung:
1. Der Tierkreis ist gemäß den vier Jahreszeiten auch in vier Quadranten unterteilt, die vier verschiedenen Bedeutungsebenen entsprechen.
2. Jedes einzelne Tierkreiszeichen reagiert auf den Inhalt des vorangehenden Zeichens mit einer gegenläufigen Ausrichtung der aufgewendeten Energie.

Die Tierkreis-Quadranten

Mit dem Wechsel der Jahreszeiten verschieben sich auch im Tierkreis die Schwerpunkte: Es entstehen vier Quadranten mit unterschiedlichen Themen (↗ Tafel III.3.). Lassen Sie mich diese im folgenden kurz zusammenfassen und erklären.

Erster Quadrant: Frühling

Bevor irgend etwas mit einer Pflanze geschehen kann, muß sie sich natürlich erst einmal entwickeln und wachsen. Deshalb liegt der allgemeine Grundton dieses Quadranten auf der Entstehung, der Ausbildung und Verbreitung von *Materie* und *Substanz*, die im Jahreszyklus später zur Verfügung stehen kann.

Zweiter Quadrant: Sommer

Die Pflanzen haben ihre Wachstumsphase abgeschlossen und beginnen sich auf die *inneren Prozesse* einzustellen, die neues *Leben* heranreifen lassen: Es geht um Fortpflanzung. Früchte sind dabei nichts anderes als die nach außen hin sichtbaren *Ausdrucksformen* dieser Vorgänge in der Pflanzenwelt. Der Mensch aber richtet seine Aufmerksamkeit eher darauf, wie er die Ergebnisse dieses Prozesses für sich nutzbar machen kann.

Bereits gegen Ende dieses Quadranten vollzieht sich ein merklicher Bruch in der Perspektive: Der Mensch, den man sich vielleicht zunächst eher in der Rolle eines Betrachters der Geschehnisse vorgestellt hat, tritt jetzt als handelndes Subjekt in den Vordergrund, und in der Folge wird der Tierkreis immer mehr zu einer Bebilderung des menschlichen und nicht mehr so sehr des natürlichen Lebens.

Dritter Quadrant: Herbst

Mit dem Einfahren der Ernte hat sich das Thema Materie erst einmal erledigt: Wichtiger erscheint es jetzt, nach getaner Arbeit sich wieder auf die *Begegnung* mit den anderen zu besinnen, mit ihren Vorstellungen darüber, worin der Sinn des Lebens bestehen könnte, wenn die konkrete Körperlichkeit an Bedeutung verloren hat. Daraus entwickelt sich die typisch menschliche Eigenschaft, sich auch *geistig* zu entfalten.

Vierter Quadrant: Winter

Mit dem Versiegen der Quellen in der Natur tritt die Sorge um die Sicherung des Lebens aller über die Dauer der kalten Jahreszeit in den Vordergrund. Aus diesem Grund stellt die *Gemeinschaft* zum Wohle aller Regeln auf, die die Bedürfnisse des einzelnen denen der Gesamtheit unterordnen. Wenn die Tage wieder länger werden und die Zeit der Einschränkungen überwunden ist, beginnt sich auch die Natur wieder auf einen Neuanfang des Zyklus vorzubereiten.

Der Energiefluß im Tierkreis

Wenn wir den Wandel der Geschehnisse von einem Tierkreisabschnitt zum nächsten betrachten, fällt eine weitere Struktur auf: Auf jede Aktion eines Zeichens erfolgt im nächsten eine Antwort in Form einer Re-Aktion, welche die Ausrichtung des Energieflusses umkehrt (vgl. Abbildung 1).

So richten sich die Kräfte des Tierkreiszeichens Widder deutlich nach außen auf die Expansion der zuvor im verborgenen ruhenden Lebensenergie.

Mit Stier erfolgt eine Art Gegenbewegung: Die Energie wird zur Sammlung und Konzentration zurückgezogen – kontrahiert –, um den Standort über die Wurzelbildung zu sichern.

Im Zwilling dagegen erkennen wir wieder eine deutliche Bewegung nach außen in den Raum hinein: Zweige verästeln sich, Blüten öffnen sich.

39

Krebs hingegen bringt abermals einen Rückzug der Energie in das Innere der Frucht, wo sich die Fruchtstände ausbilden.

Dieses ständige Hin und Her von *Expansion zu Kontraktion* der Kräfte[9] kann mit dem Rhythmus des Ein- und Ausatmens verglichen werden oder auch mit dem Öffnen und Schließen von Händen, dem Wechsel von Geben und Nehmen. Grafisch könnte man dies, wie oben geschehen, mit einer Spirale vergleichen, die den Lebensimpuls darstellt, wie er sich einmal nach außen und dann wieder nach innen windet:

0°

Abbildung 1: Der Tierkreis und der Wechsel des Energieflusses

Übung:
Tierkreiszeichen und Landschaften
Versuchen Sie, den folgenden Landschaften die entsprechenden Tierkreiszeichen zuzuordnen.
Haben Sie Geduld mit sich und vertrauen Sie auf Ihre Intuition. Vergegenwärtigen Sie sich die Stimmungen der Landschaften, und versuchen Sie in ihnen die Atmosphäre der Tierkreiszeichen zu erfassen: So entwickeln Sie ein Gespür dafür, welchen Landschaften und welchen Tierkreiszeichen dasselbe *Empfinden* zugrunde liegt.
Im übrigen geht es hier nicht um »richtig« oder »falsch«, auch die Lösungen im Anhang auf Seite 236 können lediglich Vorschläge sein. Entscheidend ist deshalb nicht, zu welchen Ergebnissen Sie kommen, sondern *wie* Sie diese aus den sehr rudimentären Angaben der Tierkreiszeichen abgeleitet haben. Wenn Sie dann »daneben« liegen, fassen Sie dies als Herausforderung zur Vertiefung Ihrer Kenntnisse auf.

1. Fruchtbares Ackerland, daneben grüne, saftige Weiden und Blumenwiesen auf sanft geschwungenen Hügeln. Darüber wölbt sich weißblauer Himmel.
2. Über dem flachen und weiten Land brennt die Glut der Sonne; in der Savanne stehen vereinzelt mächtige Bäume, in dessen Schatten Raubkatzen dösen.
3. Eine unwirtliche, dürre oder versengte Landschaft, die auf den ersten Blick kein Anzeichen von Leben offenbart: Doch dann sieht man, wie hier und da aus der verbrannten Erde neues Grün zum Vorschein kommt.
4. Im unzugänglichen Dickicht eines Waldes stoßen Sie auf einen Teich oder See, das Ufer ist üppig bewachsen.

Dann finden Sie den Eingang zu einer Höhle und betreten das Innere der Erde ...

5. Sie befinden sich in einer sumpfigen Gegend, einem Dschungel von bedrohlichem Ausmaß oder auch auf vulkanischem Gelände voll heißer Quellen und dampfender Krater.

6. Sie kommen ins Gebirge, hoch hinauf in felsiges, karstiges Gelände an der Grenze zu Eis und Schnee, wo sich nur noch Fichten und Tannen halten.

7. Wohin das Auge reicht: Wasser ... Vielleicht tauchen hier und da aus dem Dunstschleier vereinzelt einsame Inselgruppen im Ozean auf, während unter der Wasseroberfläche Algen und Korallen in ein fremdes Reich locken.

8. Ein überwältigender Ausblick vom Gipfel eines Berges hinab ins Tal, mit endlos sich dahin erstreckenden Wäldern. Irgendwo in der Ferne die Skyline einer riesigen Metropole.

9. Sie sehen ein Getreidefeld, parzelliertes Land, auf dem gearbeitet wird, aber auch eine Erholungsanlage, vielleicht ein Kurpark, in dem Menschen Wassertreten, oder eine Schrebergartenkolonie.

10. Durch eine lichte und helle Landschaft ziehen sich Wege und Straßen: Wer ihnen folgt, gelangt von Ort zu Ort, von Stadt zu Stadt. Wie Adern ziehen die Verbindungswege durch das Land, jede Abzweigung führt in eine neue Richtung.

11. In einem Ziergarten oder einer Parkanlage voll Denkmälern und Kunstwerken flanieren Menschen auf geschmackvoll angelegten Wegen und unterhalten sich.

12. Die Gegend ist irgendwie ungewöhnlich, nicht ein-

heitlich, ja exzentrisch in Form und Farbe: Die Erosion von Wasser und Wind hat bizarre Formen in der zerklüfteten Landschaft hinterlassen.

Der Tierkreis als Geschichte der Zivilisation

Die Menschen der **Widder**-Phase ziehen wie Nomaden durch das Land. Sie sind Jäger und Sammler und befinden sich ständig auf der Suche nach neuen Lebensräumen. Jeder neu zu erobernde Horizont birgt Abenteuer, ständig gilt es, auf der Hut vor unbekannten Gefahren zu sein, ihnen mit Mut und Kampfbereitschaft zu begegnen. Auf dieser rastlosen Reise darf es keinen Ballast geben: Nur das Notwendigste kann mitgenommen werden, um die Schnelligkeit und Beweglichkeit im Kampf ums Überleben zu sichern.

In der **Stier**-Phase sind es die Menschen leid, sich von einer Ecke der Welt in die andere treiben zu lassen. Sie suchen sich ein ertragreiches Fleckchen Erde und lassen sich dort nieder, um endlich irgendwo zu Hause zu sein. Sie haben gelernt, mit den natürlichen Gegebenheiten vor Ort zu leben: Ackerbau und Viehzucht zeugen von dieser neu erworbenen Fähigkeit. Häuser werden errichtet, befestigte Siedlungen gegründet, um sich und seinen Besitz zu schützen und um die Grenzen der Gemeinschaft, die ihre Stärke auf einem Gefühl der Zusammengehörigkeit gründet, zur feindlichen Außenwelt abzustecken.

♊ In der **Zwillinge**-Phase werden aus Siedlungen Dörfer mit Marktplätzen, auf denen reger Austausch von Gütern und Neuigkeiten getrieben wird. Aus den Städten der Umgebung gelangen sie über ein Netzwerk aus Straßen in die Ortschaften. Die Menschen beginnen sich die Arbeit zu teilen, entwickeln Fahr- und Werkzeuge, um die Effizienz und Schnelligkeit von Produktion und Handel zu erhöhen. Ihr vielfältiges, aus wissenschaftlicher Neugier gewonnenes Wissen können sie dank der Erfindung der Schrift aufzeichnen und ihren Nachkommen weitergeben.

♋ Eine Gruppe von Menschen verbindet jedoch nicht nur ein gemeinsames Territorium, sondern vor allem das Empfinden, einer gemeinsamen Wurzel entsprungen zu sein. Was sie in ihren Symbolen und Totems versinnbildlichen und in ihren Mythen erzählen, spiegelt für die Menschen der **Krebs**-Phase diesen Urgrund wider, mit dem sie die Seele ihrer Gemeinschaft an eine gemeinsame Vergangenheit binden. Diese innere Verbundenheit der Gemeinschaft erzeugt die Grundlage für Glaube und Religiosität und zeugt von einer starken Verbundenheit mit der Natur.

♌ In der **Löwe**-Phase hebt sich aus der Mitte aller einer ganz besonders hervor und wird zum lebenden Symbol der Kraft der Gemeinschaft. Als ihr Anführer muß er besondere Stärke und Würde ausstrahlen und in sich die besten Qualitäten vereinen. Während man ihn in guten Zeiten verehrt und hofiert, liegt seine Aufgabe in schlechten Zeiten darin, mit seinem Leben für das

Leben aller zu stehen. In seiner Person verkörpert sich das Band zwischen Mensch und Natur. Wird er zu schwach und kann für die Aufrechterhaltung diese Verbindung nicht mehr garantieren, hat er seine Stellung verwirkt: Ein anderer wird kommen, ihn besiegen und ablösen.

♍ Wenn jeder weiß, wo sein Platz ist und wie er dort seine Fähigkeiten zum Wohle des Gesamten sinnvoll einsetzen kann, ermöglicht die **Jungfrau**-Phase ein geordnetes Miteinander der Menschen und die bestmögliche Ausnutzung aller Kräfte zum Wohle der Gemeinschaft. Eine Gesellschaft entsteht, in der Aufgabenfelder und Hierarchien klar abgesteckt sind und der reibungslose Ablauf der Funktionen den Wohlstand aller garantiert. Das Individuum freilich verliert zunehmend an Stellenwert, denn es wird danach beurteilt, wie gut es sein Leben nach den Notwendigkeiten des gesellschaftlichen Alltags ausrichten kann.

♎ Wenn die sozialen Funktionen abgesichert sind, gewinnt der Mensch der **Waage**-Phase Freiraum für ganz andere Bedürfnisse: Kunst und Kultur entwickeln sich aus dieser reinen Freude an geistvollem Austausch und dem Vergnügen an der Schönheit der Dinge. Der friedliche und harmonische Umgang miteinander öffnet die Menschen für ihre geistigen Fähigkeiten.

♏ In der **Skorpion**-Phase kristallisiert sich das charakteristische Gedankengut einer Gemeinschaft heraus, eine geistige Heimat, von dem Empfinden getragen, einer bestimmten Kultur anzugehören. Um dieses geistige Territorium sichtbar abzustecken, verbinden sich die Menschen durch typische Denkweisen und Riten, um Einflüsse von außen mit der Stärke einer gemeinsamen Identität zu begegnen. Was also zuvor noch freigeistiger Ausdruck des Individuellen war, wird nun zu einer alle umspannenden Ideologie gebündelt, die den Fortbestand der Gemeinschaft über das Einzelschicksal hinaus sicherzustellen hat.

Nachdem die Menschen Identität in einer Kultur gefunden haben und diese auch vor anderen vertreten, können sie in der **Schütze**-Phase die Berührung mit fremden Kulturen zulassen, auch nutzen, um die eigene geistige Sphäre zu erweitern. Wo Menschen sich jedoch als überlegenere Kultur betrachten und missionarischen Eifer an den Tag legen, mündet die Identifikation mit der eigenen Gemeinschaft nicht selten in Fanatismus, in Imperialismus und Kolonialismus.

Wie auch immer eine Kultur ihren Einflußbereich versucht auszudehnen: Sie muß in der **Steinbock**-Phase dafür sorgen, das Gewonnene in eine stabile Struktur zu überführen. Grenzen nach außen sind ebenso wichtig wie eine innere Gesetzgebung, die das Leben so vieler unterschiedlicher Menschen auf der Grundlage einer übergeordneten Gerechtigkeit regelt. Ein Staat wird über seinen Mitgliedern errichtet, auf dessen Schutz und Effizienz sich der einzelne verlassen kann. Im Gegenzug wird erwartet, daß er seine persönliche Freiheit für gleiche Rechte, aber auch gleiche Pflichten beschneidet.

Bereits in der **Wassermann**-Phase regt sich im einzelnen das Bewußtsein, daß er nicht nur ein Rädchen in einer zwar gut funktionierenden, jedoch rigiden Maschinerie sein möchte. Der Weg fortschreitender Zivilisierung bedingt den Bruch mit Traditionen: Das Alte muß dem Neuen weichen. Visonäre Impulse einzelner vermögen der stagnierenden Gesellschaft Veränderung und Erneuerung zu bringen. Revolutionen können sich auf dem Gebiet der Kunst oder der Wissenschaften vollziehen – manchmal aber auch im Gefüge der Macht, wenn ein Gesellschaftssystem zu einem diktatorischen Korsett geworden war.

Mit der **Fische**-Phase beginnt die Auflösung der bestehenden Zustände, wenn sich eine Struktur nicht mehr aufrechterhalten kann und auseinandergebrochen ist, um in Chaos zu versinken. Dies kann Anarchie bedeuten, aber auch ein vollständiges Ende von Zivilisation überhaupt, vergleichbar dem Untergang verschollener Kulturen wie Atlantis, Lemuria, Shamballah oder dem Königreich von Saba, aber auch Ereignisse wie der Sintflut. In dieser Zeit des Übergangs werden alle Unterschiede, alle Grenzen und alle Differenzen mit einem Male weggewischt und aufgelöst, um eine neue Ordnung zu ermöglichen...

Darüber können wir aus unserer Perspektive nur spekulieren, jedoch beinhaltet dieser wie jeder andere nach den Mustern des Tierkreises betrachtete Zyklus am Ende das Versprechen eines neuen Anfangs...

Tierkreis-Systematik 2

Die Tierkreis-Quadranten

Werfen wir noch einmal einen Blick auf die Themen der Quadranten, wie sie sich jetzt in dieser Erzählweise des Tierkreises darstellen.

Erster Quadrant: Materie

Die ersten drei Phasen der Zivilisation fallen mit dem ersten Quadranten des Tierkreises zusammen. Wie im vorigen Kapitel besprochen, dominiert hier der *materielle* Aspekt und die Erfüllung der grundlegenden körperlichen Bedürfnisse: Es geht ums Überleben (Widder), um Besitz und Sicherung des Besitzes (Stier) und um die Vermehrung und den Transport von Gütern (Zwillinge). Was hier entsteht, bildet die Substanz aller weiteren Entwicklungen hin zur Bildung von Gemeinschaften.

Zweiter Quadrant: Gefühl

In den Zeichen des zweiten Quadranten verlagert sich der Schwerpunkt auf die Lebensart der Menschen in den Gemeinschaften, d. h. auf die Art, wie sich bei den Mitgliedern einer Gruppe das *Gefühl* von Bindung und Miteinander begründet. Das Fundament bildet eine Empfindung von gemeinsamer Herkunft und Identität (Krebs), die sich in einer Leitfigur verkörpert (Löwe) und schließlich die Positionierung des einzelnen in ein Gefüge ermöglicht, in dem jeder seinen Platz einnimmt (Jungfrau).

Dritter Quadrant: Geist und Begegnung

Die nächsten drei Etappen des dritten Quadranten zeigen,

daß die *geistige* Entwicklung eine Gemeinschaft zu einer Kultur werden läßt. Das Individuum beteiligt sich an dieser Entwicklung, indem es die *Begegnung* mit anderen sucht und seine Ideen mitzuteilen beginnt (Waage). Die Kultivierung dieser Ideen und die Entwicklung gemeinsamer Ideale und Vorstellungen (Skorpion), können schließlich zu einer Erweiterung und Bereicherung der eigenen Kultur führen (Schütze).

Vierter Quadrant: Gemeinschaft

Die letzten drei Phasen im vierten Quadranten münden in die Ausbildung komplexer Gesellschaftssysteme, die zwar jetzt weitaus mehr Individuen in immer größeren Strukturen zusammenfassen können (Steinbock), jedoch beständig Gefahr laufen, den Bedürfnissen des einzelnen nicht mehr gerecht zu werden (Wassermann) und sich damit selbst zu überholen (Fische). Dieser Quadrant läßt erkennen, daß es hier in der Hauptsache um die sinnvolle Gestaltung des *gemeinschaftlichen Lebens* geht.

Die drei Qualitäten

Es ist Ihnen sicherlich nicht entgangen, daß jeder Quadrant sein Thema in drei Schritten, die jeweils den Tierkreiszeichen entsprechen, entfaltet. Diese aufsteigende Bewegung wiederholt sich im Muster der sogenannten drei aufeinander aufbauenden *Qualitäten*.

Kardinale Zeichen

 Das jeweils erste Zeichen eines Quadranten verdeutlicht die grundlegende Idee und Ausrichtung des Quadranten, es ist sozusagen die

Quelle der folgenden Entwicklungen, in denen der gesetzte Impuls aufgenommen und verarbeitet wird. Diese Zeichen heißen *kardinale Zeichen* von lat. cardo »die Türangel«, da sie gewissermaßen den Eintritt und den Übergang zu einem Quadranten darstellen.

Das Symbol der kardinalen Zeichen ist der nach oben strebende Pfeil, der den Bewegungsimpuls versinnbildlicht.

Fixe Zeichen

In dem Folgezeichen eines Quadranten wird das Thema verdichtet: Es wird konkret und körperlich, indem die Bewegung des kardinalen Zeichens auf eine Stelle konzentriert und fixiert wird. Diese Zeichen werden deshalb *fixe Zeichen* genannt.

Ihr Symbol ist das von einem Kreis eingefaßte Kreuz und stellt die Konzentration der Substanz auf einen Ort dar.

Bewegliche Zeichen

Nach der Fixierung erfolgt eine Verbreitung und Erweiterung der Möglichkeiten des Systems, indem es weiteren Anwendungen zur Verfügung gestellt wird. Die Stabilität der fixen Phase muß überwunden werden, damit sich Neues entwickeln und sich der anfängliche Bewegungsimpuls auf einer neuen Ebene fortsetzen kann. Diese Zeichen werden *bewegliche Zeichen* genannt.[10]

Symbolisch werden bewegliche Zeichen durch auseinanderstrebende Formen dargestellt, welche die Substanz in alle Richtungen verbreiten.

Die Dynamik der Qualitäten im Tierkreis

Dieser Dreierschritt der Qualitäten *kardinal – fix – beweglich* beschreibt die Dynamik, die für das Aufrechterhalten der Prozesse im Tierkreis notwendig ist. Sie sorgt dafür, daß die ursprüngliche, *kardinale* Idee eines Quadranten nicht verlorengeht, indem sie sich etwa verflüchtigt (*fixe* Zeichen), und später nicht stagniert, damit sich neue Ideen entwickeln können (*bewegliche* Zeichen).

Vergleichen Sie dies mit dem Thema des ersten Tierkreis-Quadranten im vorangehenden Beispiel:

WIDDER – kardinal.

Das Thema des ersten Quadranten ist die Entwicklung einer materiellen Basis für das Leben, das sich im *Widder* zunächst als Idee behaupten muß und Impulse gebündelt in diese Richtung aussendet. Es geht einfach um nichts anderes als um das nackte Überleben.

STIER – fix.

Der ursprüngliche Lebensimpuls wird im *Stier* aufgefangen und in konkrete Substanz umgesetzt. Dabei verliert die anfängliche Energie zwar an Unabhängigkeit, da sie jetzt an einen Ort gebunden wird, sie gewinnt jedoch dadurch an Sicherheit und Bestand, da der einzelne nicht mehr völlig auf sich allein gestellt ist, sondern von der Gemeinschaft geschützt und getragen wird.

ZWILLINGE – beweglich.

Um Stagnation zu verhindern, muß sich jedes System irgendwann Veränderungsmöglichkeiten aussetzen, indem es sich für andere öffnet. Dies geschieht mit der Dorfgemeinschaft in den *Zwillingen*, die sich jetzt mit anderen Gemeinschaften vernetzt und so ihren Ideenreichtum erhöht. Die zuvor gebundene Energie steht nun nach allen Richtungen zur Verfügung.

Dieser Prozeß wiederholt sich für jeden Quadranten und sein Thema.

Abbildung 2: Die Dynamik der Qualitäten im Tierkreis

Betrachten Sie Abbildung 2: Ihr können Sie entnehmen, daß jedes Tierkreiszeichen im Abstand von 90° auf ein Zeichen gleicher Qualität trifft, so daß wir drei geschlossene Quadrate erhalten, über die jeweils alle kardinalen, fixen und beweglichen Zeichen miteinander verbunden sind. Versuchen Sie, dieses Prinzip auf die drei anderen Quadranten zu übertragen. Beachten Sie dabei die folgenden kurzen Hinweise:

Zweiter Quadrant: Grundthema ist das Gefühl von Gemeinschaft und innerer Verbundenheit, welches sich im *Krebs* entwickelt, im *Löwen* in Form einer grundsätzlichen Rangordnung manifestiert, um sich in der *Jungfrau* zu einem Gesellschaftssystem heranzubilden.

Dritter Quadrant: Nachdem der innere Zusammenhalt der Gemeinschaft hergestellt wurde, stellt sich in *Waage* zum ersten Mal die Frage nach den geistigen Hintergründen und Ideen, auf die sich Kultur begründet. Im *Skorpion* werden diese Ideen verbindlich und ritualisiert, während sie im *Schütze* als eine in sich begründete Weltanschauung weitergegeben werden.

Vierter Quadrant: Als Ergebnis dieser geistigen Haltung wird im *Steinbock* ein Regelwerk errichtet, auf dessen Grundlage sich ein Staat entwickeln kann. Seine Konkretisierung ruft zwar im *Wassermann* sehr starke Widersprüche zwischen Individuum und Gesellschaft hervor, doch gerade Zivilisation und Fortschritt verhindern die Stagnation und damit den Tod einer Gesellschaft. Im Zeichen *Fische* lösen sich die Ergebnisse dieses Prozesses schließlich wieder in ihre Bestandteile auf, um einem neuen Zyklus zur Verfügung gestellt zu werden.

Übung:

Der König und sein Hofstaat

Stellen Sie sich vor, Sie müßten den Hofstaat eines Königs nach den Kriterien des Tierkreises beschreiben, welche Funktion würden Sie welchem Tierkreiszeichen zuordnen?

Lösungsvorschläge finden Sie auf Seite 237.

1. Der Chronist. Der Schreiber. Der Hofberichterstatter.

2. Der Kämmerer. Ihm oblag die Aufsicht über den königlichen Besitz und seinen Schatz.

3. Der Hofnarr. Er diente der Belustigung des Fürsten, war in vielen Fällen durch irgendwelche abweichenden körperlichen Besonderheiten gezeichnet und trug eine auffällige Tracht. Mit seinem Witz und seiner Satire war er der einzige, der seinen König ungestraft kritisieren durfte.

4. Der Hof- und Zeremonienmeister. Er war für die Erziehung der jungen Fürsten zuständig und für die Wahrung der Etikette am Hof.

5. Die Ritterschaft.

6. Der Seneschall oder Truchseß. Ihn betraute man mit der Verpflegung des Hofstaates und mit der Aufsicht über die Tafel.

7. Der Hofmarschall. Er übte die Aufsicht und die Kontrolle über die Haushaltung des Hofes und das Personal aus.

8. Die Gruppe der Barden, Dichter und Sänger, die das kulturelle Leben am Hofe bestimmten.

9. Die Vollstrecker des königlichen Willens, z. B. der Scharfrichter, die königlichen Schergen und Büttel, aber auch die Spione, die der Fürst entsandte, um im geheimen sein Reich überwachen zu lassen.

10. Boten und Botschafter sorgten für den Kontakt des Hofes zum Volk und zu anderen Höfen.

11. Der weise Berater an der Seite des Königs, oftmals ein Priester oder eine andere geistliche Person.

12. Und dann natürlich all die anderen Gestalten außer-

halb der höfischen Gesellschaft wie Bettler, Aussätzige, aber auch diejenigen, die der weltlichen Macht entsagten, wie Mönche, Eremiten u. a.

Der Tierkreis als Allegorie auf das Leben des Menschen

Im folgenden Abschnitt möchte ich Sie dazu einladen, sich anhand der von mir vorgeschlagenen Stichworte, eigenständig einen Bilderzyklus zu entwickeln: Thema ist die Entwicklung des Menschen von der Geburt bis zu seiner Einbindung in die Gesellschaft. Ihre Aufgabe besteht mehr oder weniger darin, ein Drehbuch zu einem Film über das Leben des Menschen in zwölf Szenen zu schreiben. Dieser Film soll vier Kapitel enthalten, deren »Überschriften« über die vier Tierkreis-Quadranten vorgegeben sind und vier große Phasen unterscheiden:

Phase 1 (erster Quadrant): *Die Entwicklung körperlicher Fähigkeiten.*

Phase 2 (zweiter Quadrant): *Die Entwicklung eines Gefühls von Identität.*

Phase 3 (dritter Quadrant): *Die Entwicklung der geistigen Fähigkeiten.*

Phase 4 (vierter Quadrant): *Die Entwicklung im Rahmen der Gesellschaft.*

Jede Phase gliedern Sie wiederum in drei Szenen, welche die Entfaltung des Themas nach dem Modell der drei astrologischen Qualitäten *kardinal – fix – beweglich* beschreibt. Lassen Sie sich Zeit für diese Übung, und vergleichen Sie Ihre Bilder immer wieder mit denen der beiden zuvor beschriebenen Zyklen, um die Parallelen immer deutlicher herauszuarbeiten.

Ich möchte Ihnen dazu einige Stichwörter geben, über die Sie Ihre Assoziationen kreisen lassen können:

♈ *Geburt, erster Atemzug, ans Licht der Welt kommen, Lebensbeginn...*

♉ *Säugling, Wachstum des Körpers, Ernährung, der Körper als nährende Hülle, Abhängigkeit, alles, was mich hegend und pflegend umgibt...*

♊ *Krabbelphase, Kleinkind, Neugier, die Umwelt erkunden, laufen lernen, sprechen lernen, alles ausprobieren...*

♋ *Erfahrungen sammeln, Eindrücke aufnehmen, die Welt erfühlen, Vorlieben und Abneigungen entwickeln, Identifikation, ein ungeordnetes gefühltes Wollen...*

♌ *Wunsch nach ungehindertem Ausdruck der Empfindungen, Gefühle in die Tat umsetzen, charakteristischer Selbstausdruck, seelische Identität, »Ich will«...*

♍ *Auf Grenzen stoßen, Reaktionen in der Umgebung provozieren, die auf mich zurückfallen, lernen, das Verhalten nach den Bedingungen in der Umwelt auszurichten...*

♎ Entdeckung des »Du«, Begegnung, Interesse an anderen entwickeln, Pubertät, neue geistige Impulse von anderen erhalten...

♏ Entwicklung einer eigenen Meinung, eigene Prinzipien bilden, sich selbst verpflichtet sein, die geistige Identität finden...

♐ Freie Darstellung der Ideen in der Umgebung, den Horizont erweitern, Bildung, Suche nach Gemeinsamkeiten mit anderen, die Gedankenwelten anderer erfahren...

♑ Erfahrung gesellschaftlicher Schranken, Konfrontation mit den Normen und Gesetzen, sich unterordnen müssen, etwas leisten müssen, Berufswelt...

♒ Entdeckung individueller Möglichkeiten im gesellschaftlichen Gefüge, Kritik, sich von der Masse unterscheiden wollen, soziale Identität finden...

♓ Reaktionen der Gesellschaft, Auflösung aller Grenzen und Unterschiede, Erkenntnis der Relativität der eigenen Existenz...

Tierkreis-Systematik 3

Die vier Elemente

Vier Bausteine der Schöpfung

Die Lehre von den vier Elementen ist aus der Astrologie nicht mehr wegzudenken. Dennoch entspricht sie im Gegensatz zum System der drei Qualitäten nicht ältester astrologischer Tradition. Sie ergibt sich nicht so sehr aus der Anschauung, sondern aus eher mystisch-philosophischen Spekulationen, die ihre Wurzeln in der griechischen Antike haben.

In der uns heute bekannten Form geht die Lehre von Feuer, Wasser, Luft und Erde auf ARISTOTELES zurück. Er postulierte die Entstehung der Elemente aus der sogenannten *prima materia*, einer ungeordneten, chaotischen Urmaterie, die sich schließlich mit vier weiteren Urqualitäten verband: mit Trockenheit, Kälte, Feuchtigkeit und Hitze, um aus deren Mischung die vier Elemente zu erzeugen. Vermutlich haben wir es aber PTOLEMÄUS zu verdanken, daß die Elemente letztendlich Eingang in das Gedankengut der Astrologie gefunden haben.

Die Elemente im Tierkreis

Die vier Elemente oder »Bausteine« der Antike und ihre Symbole sind:

Feuer   Wasser   Luft   Erde

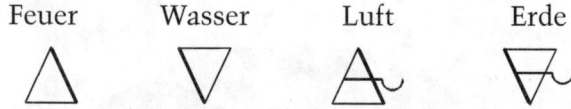

Tabelle 1: Die Symbole der vier Elemente

Tatsächlich waren damit aber nicht die namensgleichen Phänomene gemeint: Vielmehr betrachtete man Feuer, Wasser, Luft und Erde als die sinnfälligsten Stellvertreter für bestimmte Eigenschaften dieser Elemente.

In der Astrologie werden jeweils drei Tierkreiszeichen einem Element unterstellt, in denen die typischen Merkmale des entsprechenden Elements in unterschiedlichen Ausprägungen zur Geltung gelangen sollen:

Die Gruppe der *Feuerzeichen* bilden **WIDDER, LÖWE** und **SCHÜTZE.**
Wasserzeichen heißen **KREBS, SKORPION** und **FISCHE.**
Zu den *Luftzeichen* zählen **ZWILLINGE, WAAGE** und **WASSERMANN.**
Zu den *Erdzeichen* gehören **STIER, JUNGFRAU** und **STEINBOCK.**

Dies ergibt im Tierkreis folgende Anordnung:
Wie in Abbildung 3 sichtbar wird, befinden sich Tierkreiszeichen desselben Elements jeweils an der Spitze eines gleichseitigen Dreiecks, oder anders ausgedrückt: Sie befinden sich stets in einem Abstand von 120° voneinander. So ergeben sich vier gleichseitige Dreiecke, die in der

Astrologie *Trigone* genannt werden. Möglicherweise sind die auf Seite 59 abgebildeten Symbolzeichen für die Elemente eine Nachbildung dieser Trigone.

Abbildung 3: Die Anordnung der Elemente im Tierkreis

Die Bedeutung der Elemente

Rein aus der astronomischen Beobachtung lassen sich die Zuordnungen der vier Elemente zu den zwölf Tierkreiszeichen nicht herleiten. Sie haben sich aber über die lange Zeit der Tradition als Ordnungsschema eingebürgert, und ihre Bedeutungen haben sich mit denen der Zeichen vermengt und sie ergänzt.

Um sich ihren Inhalten zu nähern, können wir aus den vier prototypischen Erscheinungsbildern, die den Urprinzipien ihren Namen gegeben haben, charakteristische Merkmale ablesen: Dies entspricht wiederum durchaus unserer Vorgehensweise, die Bedeutungen aus der Anschauung zu entwickeln.

△ **FEUER.** Feuer strebt stets nach oben und bewegt sich schnell vorwärts. Dabei gibt es Energie in Form von Hitze und Licht ab. Um sich jedoch entwickeln zu können, bedarf es eines brennbaren Stoffes, von dem es sich nährt und zerstört wird.

▽ **WASSER.** Wasser hingegen strebt stets nach unten und neigt dazu, sich in der Waagerechten auszudehnen. Es kann sich mühelos jeder beliebigen Form anpassen, benötigt jedoch ein Gefäß dazu. Wasser durchdringt Stoffe und löst sie auf.

△ **LUFT.** Luft wiederum strebt von sich aus keiner bestimmten Richtung zu, ist jedoch sehr leicht in Bewegung zu versetzen. Sie ist nicht greifbar, aber sie sorgt für die Vermittlung zwischen den Dingen, z. B. als Medium für Schallwellen.

▽ **ERDE.** Erde ist das schwerste Element und strebt nach unten. Sie ist im Gegensatz zu den übrigen greifbar und fest, und da sie eine einmal gewonnene Form beibehalten kann, steht sie für Dauerhaftigkeit.

Ausgehend von diesen Bildern, können wir jetzt Assoziationen entwickeln, die uns zu eher abstrakten Eigenschaften führen, die mit den konkreten der Elemente korrespondieren. Die nachfolgende Tabelle enthält einige Vorschläge zu Feuer, Wasser, Luft und Erde, die Sie selbstverständlich um Ihre eigenen ergänzen können:

Element	Assoziation
△	*strebt nach oben:* sucht eine Führungsposition, möchte eine Autorität sein, schöpferisch, dominant. *Licht und Wärme:* gibt Energie ab, aktiv, Ausstrahlung, Begeisterung. *Verbrennung:* benötigt eine Grundlage, Aggression, Durchsetzung, Willenskraft.
▽	*strebt nach unten:* geht in die Tiefe, innerlich, emotional. *waagerechte Ausdehnung:* ruhig, passiv, instabil. *benötigt Form:* gibt sich hin, paßt sich an. *Durchdringung und Auflösung:* kann sich einfühlen, Sensibilität, nimmt viel in sich auf.
△̶	*richtungslos:* vielseitig, offen, ungebunden, sieht die Möglichkeiten. *beweglich:* flexibel, flüchtig, schnell, neugierig. *ungreifbar:* unkonkret, unverbindlich. *vermittelt und leitet weiter:* geistig, Kommunikation, Weitergabe von Informationen, Wissen.
▽̶	*schwer:* langsam, stabil, verleiht Gewicht, hält stand, leistet Widerstand, sichert ab. *greifbar und fest:* konkret, realistisch, verläßlich, körperlich. *verleiht den Dingen Form:* Sinn für Strukturen und Ordnung, materiell, speichert Informationen.

Tabelle 2: Stichwörter zu den Elementen

Elemente und Qualitäten

Jedes Tierkreiszeichen verkörpert auf seine ganz spezifische Art die Eigenschaften des Elements, welches ihm zugesprochen wurde. *Wie* es diese Eigenschaften umsetzt, hängt von der *Qualität* ab, die sich zugleich in ihm ausdrückt. Wenn Sie noch einmal Abbildung 2 betrachten und diese mit den Zuordnungen zu den Elementen in Tabelle 3 vergleichen, werden Sie feststellen, daß in jeder Gruppe zu

Tabelle 3: Die Tierkreiszeichen als Kombination von Elementen und Qualitäten

je drei Tierkreiszeichen desselben Elements jeweils eines *kardinaler, fixer* und *beweglicher* Qualität ist. Anders ausgedrückt: Jedes Tierkreiszeichen entspricht einer einzigartigen Kombination aus einem Element und einer Qualität.

Gedankenspiel 1

Damit eröffnen sich für uns ganz neue Perspektiven in der Betrachtung der Tierkreiszeichen, denn wir können jetzt anfangen, uns kreativ den Bedeutungen zu nähern, indem wir die Eigenschaften der Elemente und der Qualitäten miteinander verknüpfen.

Vergegenwärtigen Sie sich aber zuvor noch einmal den Unterschied zwischen den beiden:

– Die *Qualitäten* entsprechen bestimmten *Zuständen* in der Entwicklung, sie bestimmen die *Form*.
– Die *Elemente* hingegen stellen die *Inhalte* zur Verfügung, die geformt werden sollen. Sie bilden sozusagen den Baustoff, die Materie, welche auf unterschiedliche Art und Weise bearbeitet werden kann.

Versuchen Sie dies in folgenden Gedankenspielen umzusetzen: Denken Sie zunächst an die konkreten Ausdrucksformen der Elemente, sehen sie Feuer als tatsächliche Flammen, Erde als Erde usw. Dann stellen Sie sich vor, wie es seine Beschaffenheit und seine Funktion unter dem Einfluß der Qualitäten seine Beschaffenheit verändert.

64

Element	Qualität	Zeichen
Feuer		
1. In der Dunkelheit entzündet sich ein Streichholz.	*kardinal*	♈
2. Damit wird eine Feuerstelle entfacht.	*fix*	♌
3. Die Flammen und die Glut strahlen Licht und Wärme ab.	*beweglich*	♐
Wasser		
1. Aus der Quelle in der Tiefe eines Brunnens...	*kardinal*	♋
2. ...wird Wasser in ein Gefäß geschöpft.	*fix*	♏
3. Schließlich wird es in Becher gefüllt und zum Trinken verteilt.	*beweglich*	♓
Luft		
1. Ein Kind bläst Luft...	*kardinal*	♎
2. ...in einen Luftballon.	*fix*	♒
3. Mit anderen Luftballons wird er vom Wind davongetragen.	*beweglich*	♊
Erde		
1. Aus verwittertem Gestein entsteht der Rohstoff Ton.	*kardinal*	♑
2. Dieser wird in Formen gegossen und zu Ziegeln gehärtet.	*fix*	♉
3. Die Ziegel werden transportiert und zum Hausbau verwendet.	*beweglich*	♍

Tabelle 4: Gedankenspiel 1

Betrachten Sie diese Bilder, und verfolgen Sie die Assoziationen, die sich an sie anknüpfen lassen. Natürlich sind Sie wie immer eingeladen, sich eigene Beispiele auszudenken... Versuchen Sie es doch einmal mit folgenden Bilderketten:

Feuer: *Funke – Lagerfeuer – Großbrand*
Wasser: *Regen – Teich – Nebel*
Luft: *Luftzug – Zimmerluft – Atmung*
Erde: *Humus – Kompost – Blumenerde*

Gedankenspiel 2

Der nächste Schritt sollte von den materiellen Entsprechungen wegführen. Dazu suchen sie sich andere, eher abstrakte Inhalte zu den Elementen aus und kombinieren diese wiederum mit den drei Qualitäten.

Wenn Sie sich die Tabelle 2 auf Seite 62 etwas genauer ansehen, könnten sie folgende Schlagwörter ableiten:

Feuer und *Durchsetzung*.
Wasser und *Gefühl*.
Luft und *Kommunikation*.
Erde und *Sicherheit*.

Beobachten Sie, welche Inhalte sich aus der Kombination dieser Begriffe mit den drei Qualitäten für jedes Tierkreiszeichen ergeben können:

♈		»*in eine Richtung zielende Durchsetzung*«: etwas erreichen wollen, etwas anpacken, Willenskraft, Antrieb, Entschlossenheit, Mut, mit dem Kopf durch die Wand, Eroberung, Angriffslust...
↗	△	
♉		»*auf einen Ort fixierte Sicherheit*«: seßhaft, »my home is my castle«, Besitz, Hab und Gut, Festung, sich abgrenzen, standfest...
⊕	▽	
♊		»*sich ausbreitende Kommunikation*«: Nachrichten, mitteilsam, gesprächig, interessiert, wissensdurstig, Klatsch und Tratsch, sprunghaft, flatterhaft...
✳	A	
♋		»*in eine Richtung zielendes Gefühl*«: Intuition, sich emotional identifizieren, alles gefühlsmäßig betrachten, empfindsam, sensibel, leicht erregbar...
↗	▽	
♌		»*auf einen Ort fixierte Durchsetzung*«: Herrschaftsanspruch, geballte Kraft, Macht, der Sonnenkönig, im Mittelpunkt stehen müssen, selbstherrlich, Großspurigkeit...
⊕	△	
♍		»*sich ausbreitende Sicherheit*«: Kontrolle, Ordnung in allem, alles mit Vorsicht betrachten, planen, skeptisch, pedantisch, kein Vertrauen, »Gefahren, wohin man schaut«...
✳	A	
♎		»*in eine Richtung gelenkte Kommunikation*«: braucht ein Gegenüber, sucht den direkten Kontakt, Flirt, diplomatisch, kann auf andere eingehen, entgegenkommend, Interesse...
↗	A	

♏ ⊕ ▽	*»auf einen Ort fixiertes Gefühl«:* Leidenschaft, bei einer Sache bleiben, nicht aus der Haut können, geht der Sache auf den Grund, bohrend, nachtragend, eifersüchtig, zwanghaft...
♐ ✳ △	*»sich verbreitende Durchsetzung«:* den Einflußbereich vergrößern, missionieren, das Weite suchen, übers Ziel hinausschießen, Maßlosigkeit...
♑ ↗ △	*»in eine Richtung zielende Sicherheit«:* Sicherheit durch Vorankommen, Karriere, leistungsorientiert, ein klares Ziel vor Augen, der kühle Kopf, nichts überstürzen, unspontan...
♒ ⊕ △	*»auf einen Ort fixierte Kommunikation«:* das Selbstgespräch, die fixe Idee, sich für seine Ideen einsetzen, Forscherdrang, sich gedanklich vergaloppieren, geistig abheben...
♓ ✳ ▽	*»sich verbreitendes Gefühl«:* in Gefühlen schwelgen, Mitgefühl, sich treiben lassen, kann sich emotional nicht abgrenzen, alles ist von Gefühl beseelt...

Tabelle 5: Gedankenspiel 2

Auch hier lohnt es sich wieder, auf eigene Faust mit weiteren Stichwörtern zu experimentieren. Versuchen Sie folgende Kombinationen:
Feuer und *Begeisterungsfähigkeit.*
Wasser und *Kreativität.*
Luft und *Intellekt.*
Erde und mein *Verhältnis zu materiellen Dingen.*

Zusammenfassung

Es wird Zeit, das bis jetzt zusammengetragene Material ein wenig zu sortieren. Dazu sollten Sie sich eine Tabelle wie die folgende anlegen, in die Sie Ihre gesammelten Erkenntnisse aus diesem Kapitel für jedes Tierkreiszeichen einzeln zusammenfassen.

Diese Tabelle soll Sie in den folgenden Kapiteln wie ein Reservoir an Ideen und Assoziationen begleiten und wird Ihnen bei den nächsten Interpretationsschritten nützlich sein. Vor allen Dingen soll diese Tabelle der erste Stein im Fundament Ihrer eigenen Bilderwelt zum Tierkreis sein. Deswegen empfehle ich Ihnen, zunächst ins unreine zu arbeiten und sich erst einmal unabhängig von den Beschreibungen in diesem Buch alles zu notieren, was Ihnen spontan in den Sinn kommt. Kreisen Sie in Gedanken so lange über den gefundenen Bildern, bis sich für jedes Zeichen einige wenige, dafür aber prägnante Assoziationen aus dem Sammelsurium herauskristallisieren: Diese werden ab jetzt Ihre persönlichen »Aufhänger« sein und Ihnen dabei helfen, die geeigneten Assoziationen im entsprechenden Zusammenhang aufzulösen.

♈	
♉	
♊	
♋	
♌	
♍	
♎	

♏	
♐	
♑	
♒	
♓	

[handschriftlich: Schütze]
[handschriftlich: Waage]   *[handschriftlich: Fisch]*   *[handschriftlich: Löwe]*

Übung:
Zitate

Ordnen Sie die Zitate [3] den entsprechenden Tierkreiszeichen zu. Die Lösungsvorschläge finden Sie auf Seite 238.

1. Derjenige, der ein Warum zum Leben hat, kann fast jedes Wie ertragen. *Friedrich Nietzsche*

2. Es ist nicht gut, daß der Mensch allein sei! *Bibel, Genesis*

71

3. Glück: Ein gutes Bankkonto, ein guter Koch und eine gute Verdauung. *Jean-Jacques Rousseau*

4. Ich sehe mich selbst wie ein Sieb. Jedermanns Gefühle fließen durch mich hindurch. *Liv Ullmann*

5. Man lernt wie ein Krieger zu handeln, indem man handelt – nicht indem man redet! *Carlos Castaneda*

6. Um sich selbst zu retten, ziehen sich die Schnecken zum Schutz in ihre Häuser zurück, wo sie sicher und geduldig warten, bis die Elemente sich beruhigt haben. *Isabella Gardner*

7. Und hast du nicht dies Stirb und Werde, bist du nur ein trüber Gast auf dieser Erde. *Johann Wolfgang von Goethe*

8. Unterhaltung sollte alles berühren, sich aber auf nichts konzentrieren. *Oscar Wilde*

9. Vorsicht und Mißtrauen sind gute Dinge, nur sind ihnen gegenüber Vorsicht und Mißtrauen nötig. *Christian Morgenstern*

10. Wer Großes will, muß sich zusammenraffen. In der Beschränkung zeigt sich erst der Meister. Und das Gesetz nur kann uns Freiheit geben. *Johann Wolfgang von Goethe*

11. Wieder und wieder befiehlt uns eine Stimme, den alten Trott zu durchbrechen, Sack und Pack zurückzulassen, die Autos zu wechseln und die Richtung zu ändern. *Henry Miller*

12. Wir sind alle Würmer, aber ich glaube, daß ich ein Glühwürmchen bin. *Winston Churchill*

Übung:

Kasperltheater

Auch die Charaktere des Kasperletheater finden ihre Entsprechungen im Tierkreis. [4] Welche? Die Lösungsvorschläge finden Sie auf Seite 239.

1. Das Gespenst ~~Skorpion~~ *Fisch*
2. Der Briefträger *Zwilling ✓*
3. Der König *Löwe ✓*
4. Der Pfarrer *Schütze ✓*
5. Der Polizist *Jungfr..* *Steinbock*
6. Der Räuber *Widder ✓*
7. Der Teufel ~~Skorpion~~ *krebs* *Skorpion*
8. Die Großmutter *Krebs* ~~Stier~~ *krebs*
9. Die Prinzessin *Fisch* *Waage*
10. Gretel ~~Stier~~ *Waage* ~~Stier~~
11. Kasperle *Wasserm. ✓*
12. Seppl *Steinbock* *JUNGFRAU*

Übung:

Freies Assoziieren

Lassen Sie Ihrer Vorstellungskraft freien Lauf! Imaginieren Sie zu jedem Tierkreiszeichen über folgende Fragen:
– Welchen Wohnstil würde ein Tierkreiszeichen bevorzugen?
– Wie würde ein Tierkreiszeichen sich am liebsten kleiden?
– Welches wären die bevorzugten Hobbys der Tierkreiszeichen?
– Welche Berufe können Sie sich für die Tierkreiszeichen vorstellen?

Der Kreis der Häuser

Tierkreis und Häuserkreis

Während der Tierkreis auf eine *kollektive* Bedeutungsebene verweist, weil er sich vom übergeordneten Rhythmus des jährlichen Sonnenlaufs ableitet, entspricht der
Kreis der Häuser, der sich auf den täglichen Lauf der Sonne
bezieht, dem Leben des *Individuums*. Man könnte auch
sagen: So wie das Kollektiv aus vielen Einzelwesen
besteht, besteht auch das Jahr aus vielen Tagen.

Astronomisch gesehen wird dies besonders deutlich durch
die Tatsache, daß die Position der Lichter und der Planeten
im Tierkreis für alle Menschen auf der Erde zu einem Zeitpunkt prinzipiell gleich[11] ist, während sich die Konstruktion des Häusergerüstes nicht nur auf den genauen Zeitpunkt bezieht, sondern auch den exakten Standpunkt auf
der Erde berücksichtigt. Deswegen gilt es nur für verhältnismäßig wenige Menschen zu einer bestimmten Zeit und
an einem bestimmten Ort. Anders ausgedrückt: Jeder Ort
hat zu jeder Zeit des Tages seine eigene Häusergestalt – ein
Spiegel der individuellen Vielfalt (↗ Tafel IV.4.).

Der Unterschied zwischen Tierkreis und Häuserkreis
besteht also in der Perspektive auf das menschliche Leben:
Der Tierkreis beschreibt uns, wie wir in einen Zyklus ein-
gebunden sind, dem wir generell untergeordnet sind. Die
Häuserebene dagegen erfaßt das individuelle Leben des

einzelnen mit seinen besonderen Ausprägungen. Deshalb ist der Häuserkreis auch die weitaus maßgebendere Struktur, wenn es um die Interpretation eines individuellen Horoskops geht. Wie beide miteinander verschränkt sind, zeigt uns das Horoskop: In ihm wird der Kreis der Häuser in den Tierkreis eingesetzt, so wie das Individuum in den kollektiven Bedingungen verwurzelt ist.

Die Anschauung des Tages

Zunächst aber folgen wir der Anschauung eines irdischen Tages, der sich über die vier klar definierten Stationen des Sonnenlaufs von dessen Aufgang, Höchststand (Mittag) und Untergang bis hin zum Tiefstand (Mitternacht) in vier Viertel teilen läßt – die vier Quadranten des Häuserkreises, eingeleitet von Aszendent, Medium Coeli, Deszendent und Imum Coeli (☛ Tafel IV.1 und IV.2). Die idealtypischen Erfahrungen, die das Individuum Mensch im Verlauf dieser vier Abschnitte macht, bilden das Fundament für ihre Deutung.

Beachten Sie bitte dabei folgendes: So wie sich die Bedeutungen der Tierkreiszeichen aus Bildern herleitet, die eng an das Erlebnis der jahreszeitlichen Veränderungen in der Natur geknüpft sind, spiegeln die vier Quadranten des Häuserkreises vier Tageszeiten wider, die mit typischen Erlebniswelten des Menschen assoziiert werden. Die meisten Menschen der westlichen Zivilisationen müssen ihr Leben jedoch nicht mehr an der Natur ausrichten, da es der Fortschritt inzwischen möglich macht, unser Leben unabhängig von Jahres- und Tageszeiten zu gestalten: Wenn es dunkel wird, hört für uns der Tag noch lange nicht auf, wir schalten künstliches Licht ein, Klimaanlagen temperieren unabhängig von der Witterung das ganze Jahr über unsere Umgebung... Dennoch sind wir an der Botschaft dieser natürlichen Zyklen nahe genug dran, um sie zu verstehen. Deshalb möchte ich der Einprägsamkeit halber auf diese Bilder zurückgreifen, um Ihnen die Bedeutung der Quadranten näherbringen zu können.

Wie Sie bemerken werden, leiten sich zwar die Bedeutungen der Quadranten aus der täglichen Bewegungsrichtung der Sonne von Osten nach Westen her, also *im Uhrzeigersinn*, ihre Zählung jedoch erfolgt *in entgegengesetzter Richtung* (☞ Tafel IV.2.). Dazu sei nur angemerkt, daß sich diese »verkehrte« Numerierung vermutlich aus der bereits sehr frühen Parallelisierung der zwölf Häuser zu den zwölf Tierkreiszeichen ergeben hat (☞ Tafel IV.3.). Wenn wir uns also mit der Ableitung der Quadrantenthemen aus der Anschauung der Tageszeiten beschäftigen wollen, müssen wir zunächst im Sinne der täglichen Bewegungsrichtung der Sonne vorgehen. Im weiteren Verlauf jedoch werden wir nur noch mit der klassischen Reihenfolge in Tierkreisrichtung – *entgegen dem Uhrzeigersinn* – arbeiten.

Der Rhythmus des Tages

Tag und Nacht Widder / Stier / Zwilling
Das tägliche Auf- und Untergehen der Sonne gliedert die 24 Stunden des Tages in zwei Abschnitte: den des hellen Tages, während die Sonne *über dem Horizont* steht, und

den der Nacht, während sich die Sonne *unter dem Horizont* befindet (☛ Tafel IV.1.).

Während des hellen Tages unterscheiden sich die Dinge um uns herum durch Gestalt, Form und Farbe. Das Tageslicht besitzt etwas Trennendes, denn es zeigt die Grenzen zwischen uns und der Umwelt, ermöglicht uns so den wachen und bewußten Umgang mit den Menschen und Gegenständen, die uns umgeben: Die Wahrnehmung ist nach außen gerichtet.

Mit dem Untergang der Sonne senkt sich die Nacht wie ein schwarzes Tuch über alles, nimmt den Dingen Farben und feste Konturen. In der Dunkelheit verschwindet die nüchterne Trennung zwischen mir und der Welt – eine oftmals unheimliche Erfahrung. Die Unkenntlichkeit der Dinge läßt sich mit dem Verstand kaum erhellen, und so müssen wir andere Fähigkeiten und Sinne zur Wahrnehmung einsetzen: das Hören, das Berühren, das intuitive Erfassen der Welt: unser »inneres Auge«, mit dem wir in den Bildern unserer Gefühle und Stimmungen lesen. Im Schlaf findet dieser Rückzug in die innere Anschauung seine konkreteste Entsprechung: Unser Bewußtsein kehrt der Wirklichkeit den Rücken, wendet sich nach innen, und der Körper wird völlig sich selbst überlassen.

Das Horoskop spiegelt über die Teilung des Häuserkreises in eine obere und eine untere Hälfte diese beiden Wirklichkeiten des Menschen wider (☛ Tafel IV.2.).

Über dem Horizont – dort wo sich die Sonne untertags aufhält – finden wir alles, worauf unser Bewußtsein Zugriff hat. Wir erleben uns in die Mitte einer *äußeren Landschaft* gestellt, mit klaren Begrenzungen und deutlichen Abständen zwischen dem Nahen und dem Fernen – wo sich zuletzt der Kreis der Horizontes um uns schließt.

Die Welt unter dem Horizont, wohin sich die Sonne nachts zurückzieht, ist dagegen eine *innere Landschaft*, bevölkert von Stimmungen, Empfindungen und schemenhaften Bildern, derer wir nur schwer habhaft werden können.

Die Sphäre über dem Horizont bildet mit der Sphäre unterhalb des Horizonts eine Einheit – so wie die Kuppel des Himmels auf dem Rund der Erde ruht. In der Mitte des Gesichtskreises, die Füße auf dem festen Boden und den Blick auf das Firmament gerichtet, steht der Mensch, um zwischen Himmel und Erde, oben und unten zu vermitteln. Dieses Bild veranschaulicht, daß wir aus zwei Hälften bestehen: einer *materiellen*, die uns die körperliche Einheit gewährt, und einer *geistigen*, die in der Lage ist, Kontakt aufzunehmen mit den Dingen außerhalb unserer begrenzten Existenz. Zwischen dieser inneren und äußeren Welt erstreckt sich die menschliche Existenz. Beide bedingen einander und bilden die unauflösliche Einheit unserer Persönlichkeit.

Vier Tageszeiten

Nicht nur der Horizont gliedert den täglichen Lauf der Sonne: Zwei weitere Stationen teilen diese beiden Hälften zwischen Sonnenaufgang und -untergang ihrerseits in insgesamt vier Viertel oder Tageszeiten (☛ Tafel IV.1.).

Sonnenaufgang bis Mittag Widder/Stier/Zwilling

Sobald die Sonne die Schwelle des östlichen Horizontes überschritten hat, nimmt sie ihren Lauf über das Firmament auf. Sie steigt höher und höher und vertreibt mit ihrem Licht die Schwärze der Nacht. Die ersten Vögel begrüßen den anbrechenden Tag, und die Pflanzen öffnen ihre Blüten und Blätter, um Licht und Wärme zu empfangen.

Auch der Mensch erwacht und wird tätig: ob der Bauer nun das Vieh versorgen und die Felder bestellen muß, bevor die Hitze des Tages zunimmt und jede Aktivität lähmt, oder ob wir uns in der Stadt auf den Weg in die Büros, die Schulen usw. machen.

Mittag bis Sonnenuntergang Krebs / Löwe / Jungfr.

Wenn die Sonne den höchsten Stand überschritten hat und sich wieder in Richtung Horizont abwärts bewegt, nimmt die Helligkeit des Lichtes ab, und es wird bis zum Abend langsam kühler. Die Betriebsamkeit des Tages beruhigt sich allmählich, da die meisten Menschen ihre Arbeit beenden. Die zweite Hälfte des Tages ist von dem geprägt, was auch noch heute im Begriff »Feierabend« mitschwingt: die Aufmerksamkeit von den gesellschaftlichen Pflichten zurückzunehmen und seinen eigenen Interessen nachzuhängen. Dies ist die Zeit, in der wir uns nach getaner Arbeit mit anderen Menschen treffen, uns mit ihnen austauschen, vielleicht bei einem gemeinsamen Essen oder in der Kneipe.

Sonnenuntergang bis Mitternacht Waage / Skorpion / Schütze

Wenn sich die Sonne hinter den westlichen Horizont gesenkt hat und wieder in die unsichtbare Welt auf der anderen Seite der Himmelskugel hinabgetaucht ist, erobert die Nacht von Osten her das Land. Alles Leben drängt nun zurück in die Ruhe, Tiere legen sich schlafen,

79

die Blüten schließen sich wieder. Während auch beim Menschen die äußeren Aktivitäten verstummen, schöpfen viele aus der Einkehr in Ruhe und Geborgenheit ihrer vier Wände, vielleicht im Kreis der Familie, neue Kraft. In den späten Abendstunden fällt es uns leichter, mit unseren Gefühlen in Kontakt zu treten und unsere Phantasie schweifen zu lassen: Früher sammelte man sich jetzt um das gemeinsame Feuer, um in die Bilderwelt abenteuerlicher Geschichten zu tauchen. Hier gehören wir uns ganz allein, können uns von unseren Stimmungen mal hierhin, mal dorthin treiben lassen, wie es uns gerade gefällt.

Mitternacht bis Sonnenaufgang Steinbock / Wassermann./Fisch

In der Mitte der Nacht, wenn die Sonne für uns unsichtbar den tiefsten Punkt unterm Horizont erreicht hat, verlangt nun auch der Körper seinen Tribut, und der Schlaf zwingt uns, unser Bewußtsein für wenige Stunden zu verlassen. Man könnte auch sagen, daß es das Steuer verläßt und das Ruder an den »Autopiloten« übergibt. Der Körper kann sich regenerieren, seine »Batterien wieder aufladen«.

Vier Häuserquadranten: Vier Erfahrungswelten

Jeder Tageszeit entspricht ein Quadrant des Häuserkreises und liefert Anschauungsmaterial für seine Deutung. Zusammengefaßt geht es im ersten Tagesabschnitt, dem astrologischen *vierten Quadranten*, um Erfahrungen, die wir im täglichen Umgang mit der Gesellschaft machen. Der zweite Tagesabschnitt hingegen, der dem *dritten Quadranten* entspricht, bringt uns Erfahrungen, die der Begegnung mit unserem unmittelbaren Umfeld entspringen. In eine Welt von emotionalen, sehr privaten Erfahrungen führt uns der dritte Tagesabschnitt, der mit dem *zweiten Quadranten* korrespondiert. Der letzte Abschnitt des Tages oder astrologisch der *erste Quadrant* thematisiert alles, was mit unserem Körper und seinen Bedürfnissen zu tun hat.

Erster Quadrant: Mein Körper. Die Welt des ES *Körper*

Mein *Körper* ist das wichtigste Instrument zur Durchsetzung meiner Interessen. Er speichert nicht nur alle für mein Überleben notwendigen Programme und *instinktiven Reaktionen*, sondern in ihm schlummern auch mein *angeborenes Potential*, meine Anlagen und meine Talente. Für diese ist er mit seiner Kraft und seiner Beweglichkeit wie ein Vehikel. Mein Körper funktioniert im Grunde auch ohne mein Zutun – wie eine ausgeklügelte Maschine von unvorstellbarer Präzision verfügt er über alle notwendigen *Mechanismen*, wie Gleichgewichtssinn, Blutzirkulation, Atmung, um meinem Leben eine dauerhafte, wenn auch nicht unbegrenzte Existenz zu gewährleisten. Viele Funktionen sind uns am Körper so selbstverständlich, daß sie in der Regel erst dann auffallen, wenn sie gestört sind oder gar ganz ausfallen.

Zweiter Quadrant: Mein Verhalten. Die Welt des ICH *Gefühl*

Mein Körper allein aber kann nichts bewirken, wenn er nicht in Bewegung versetzt, *motiviert* wird. So gesund und kraftvoll er auch sein mag – wenn ihn innerlich nichts bewegt, wird er im Ruhezustand verharren. Bewegung setzt *Beweg-Gründe* voraus: diese wurzeln in der Welt meiner *Gefühle*. In dieser Welt sind meine typischen Vorlieben und Abneigungen verankert:

das, was mir behagt und was nicht. Diese grundsätzlichen Absichten sind es, die meinen *Handlungen* eine bestimmte Richtung verleihen und damit mein charakteristisches *Verhalten* prägen – an diesem Verhalten wiederum erkenne ich mich selbst als Individuum mit bestimmten persönlichen Eigenschaften, als *Ich* mit seinen typischen Ausdrucksmöglichkeiten.

Dritter Quadrant: Meine Umwelt. Die Welt des DU

Wie auch immer ich mich in meinem Körper fühle und welche Gefühle mich beseelen mögen – relevant werden diese nur, wenn sie über meine eigene Person hinausreichen und sich auch in meiner *Umwelt* manifestieren. Hier beginne ich mich in der *Begegnung* mit anderen als Teil einer Gemeinschaft zu sehen: mein Leben mit anderen Menschen zu teilen. Das Dasein des einzelnen erhält in der *Beziehung* zu anderen eine erweiterte Bedeutung: Mein Verhalten spiegelt sich in ihren Reaktionen und wird für mich erfahrbar. Hier ist sozusagen die Werkstätte *geistiger* Auseinandersetzung über meine Vorstellungen von der Welt außerhalb meines Körpers und wie ich mich und meine Persönlichkeit in ihr plaziert sehe. Damit ist dieser Quadrant die Grundlage von *Bewußtsein* überhaupt, welches voraussetzt, zwischen sich und seiner Umwelt differenzieren zu können.

Vierter Quadrant: Die Gesellschaft. Die Welt des WIR

Der Zusammenschluß vieler zu einer *Gemeinschaft*, in der jeder gemäß seinen Fähigkeiten einen Platz und damit eine *Funktion* einnimmt, ist der nächste Schritt. Hier wird nun so etwas wie eine übergeordnete Aufgabe sichtbar, ein *Auftrag*, mit dem ich mich am Werden und am Bestand des größeren Ganzen beteilige. Dabei hängt es natürlich stark von meiner bisherigen Entwicklung ab, inwieweit ich mich in diese *transpersonale*, d. h. über meine Persönlichkeit hinausreichenden Prozesse einzubringen vermag. Entweder fühle ich mich berufen, meine Persönlichkeit aktiv in den Vordergrund zu stellen, um so die gesellschaftlichen Strömungen beeinflussen und gestalten zu können, oder ich betrachte mich als einen Spielball von Kräften, die über mein Wohl und Wehe entscheiden. Hier stehe ich vor der Wahl, ob ich mein *Schicksal* in die Hand nehme oder von ihm in die Hand genommen werde. Dieser Quadrant gibt Auskunft, wie ich meinen Lebensweg gestalten kann und wohin er mich führen könnte.

Die zwei Hauptachsen

Wenn Sie ein beliebiges Horoskop betrachten, z. B. das auf ✒ Tafel II.1., können Sie feststellen, daß die vier Quadranten ein Kreuz aus zwei Linien bilden: die stets horizontal gezeichnete Linie, die den Horizont vertritt, und die eher senkrecht dazu verlaufende, welche dem astronomischen Meridian entspricht (✒ Tafel II.2.). Diese beiden Achsen werden die *Hauptachsen* genannt, und dort, wo sie den Tierkreis schneiden, ergeben sich die vier wichtigsten Punkte des Häuserkreises: links der *Aszendent (AC)*, welcher die Stelle des Tierkreises anzeigt, die gerade den Horizont im Osten passiert, ihm gegenüber der *Deszendent (DC)*, also der Teil des Tierkreises, der gerade genau gegenüber im Westen untergeht. Die Stelle des Tierkreises, die den Meridian überschreitet, befindet sich hingegen weit oben in der Himmelsmitte, dem *Medium Coeli (MC)*, ihr gegenüber liegt die Himmelstiefe, das *Imum Coeli (IC)*.

Jeder dieser Punkte ist unserer Zählung nach auch der Anfang einer der vier Quadranten: der AC der des ersten, IC der des zweiten, DC leitet den dritten und MC den vierten ein. An den vier genannten Punkten konzentriert sich die gesamte Thematik eines Quadranten: Hier finden Sie alle Inhalte in ihrer reinsten, aber auch unentwickeltsten Form. Entsprechend ist der AC die Summe des Körpers, das IC die Summe des Gefühlslebens, der DC die Summe der Umwelt und das MC schließlich die Summe meines Lebens in der Gesellschaft.

Mir geht es allerdings erst einmal um folgendes: Beachten Sie, wie sich AC und DC gegenseitig bedingen – sie bilden zwingend die Enden einer gemeinsamen Linie; dasselbe gilt natürlich auch für IC und MC. Daraus läßt sich eine gewisse Dynamik zwischen sich gegenüberliegenden Quadranten ableiten: Körper (I) und Umwelt (III) bilden dabei polare Enden ebenso wie Gefühl (II) und Gesellschaft (IV).

Die Bedeutsamkeit dieser beiden Achsen wird im Horoskop in der Regel dadurch dargestellt, daß sie mit einer Pfeilspitze versehen werden (↗ Tafel II.1.). Beobachten Sie, wie die Pfeilspitze der AC/DC-Achse auf den Aszendenten zeigt und die Pfeilspitze der MC/IC-Achse auf das Medium Coeli.

Diese Richtungen könnten dahingehend verstanden werden, daß wir auf der horizontalen Ebene im Wechselspiel zwischen *Körper* (AC) und *Umwelt* (DC) stets auf uns selbst zurückgeworfen werden, d. h. auf unsere ursprünglichen Fähigkeiten und Anlagen, die in der Umgebung

84

angewendet und entwickelt werden sollen. Dies ist ein weiterer Hinweis darauf, daß alles, was uns begegnet, im Grunde ausschließlich mit uns selbst zu tun hat.

Während wir der Anschauung nach zum Medium Coeli aufblicken, liegt das Imum Coeli unter unseren Füßen genau gegenüber: Wenn wir den Menschen mit einer Pflanze vergleichen, entspräche das IC seinen Wurzeln und das MC dem Ziel des Wachstums, der Blüte oder der Krone eines Baumes. Die Meridianachse kann deshalb als die Achse betrachtet werden, die uns zeigt, *woher wir kommen* (IC) und *wohin wir gehen* (MC), der Ursprung, auf dem wir unsere Existenz aufbauen, und das Ziel, zu dem wir gelangen wollen. So bildet sich im zweiten Quadranten unsere Persönlichkeit aus, angereichert mit Gefühlen und Verhaltensweisen, die sie mit individuellen Merkmalen ausstatten (IC). Diese sollen entsprechend auf der höheren Ebene des vierten Quadranten zum Einsatz gebracht werden, um in der Gemeinschaft einen Beitrag zu leisten (MC).

Es ist sehr nützlich, etwas bei diesen Gedanken zu verweilen, denn sie zeigen, daß die Strukturen im Horoskop untereinander verknüpft und voneinander abhängig sind und ihren Sinn erst im Wechselspiel unterschiedlicher Kräfte entwickeln.

Betrachten Sie hierzu folgendes Schaubild, in dem das Gesagte noch einmal stichwortartig zusammengefaßt ist, und beobachten Sie das Wechselspiel der vier Welten:

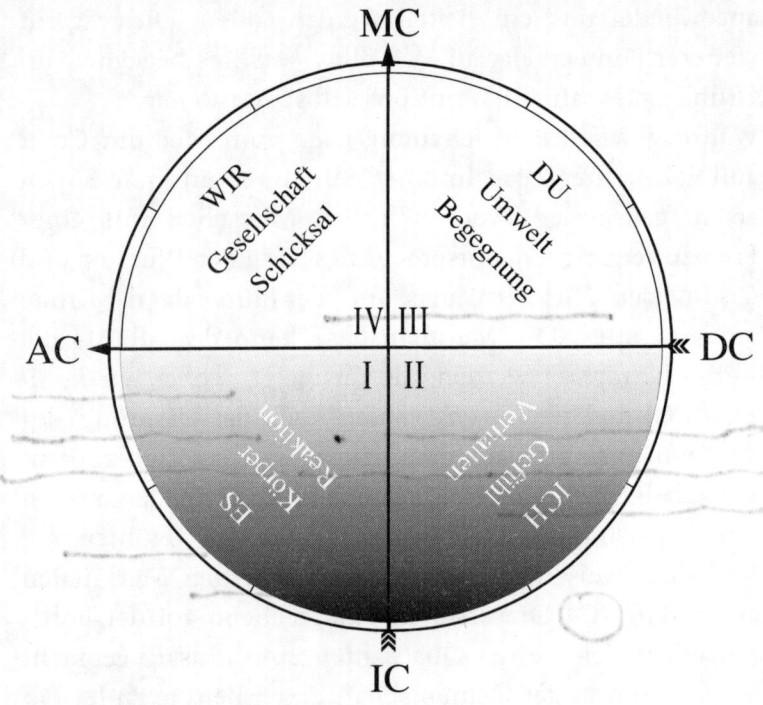

Abbildung 4: Die vier Quadranten des Häuserkreises

Übung:
Die vier Quadranten

Ordnen Sie folgende Begriffe den richtigen Quadranten zu.
Lösungsvorschläge finden Sie auf Seite 240.

1. Affekte
2. angeborene Reaktionen
3. Aussehen
4. Beruf
5. Bewußtsein
6. Freundschaft
7. Furcht

Die zwölf Häuser

Wenn Sie sich mit den thematischen Schwerpunkten der
vier Quadranten genügend vertraut fühlen, können wir
jetzt einen Schritt weitergehen und uns den zwölf Häusern
zuwenden. Wie Sie ☛ Tafel IV.3. entnehmen können, besteht jeder Quadrant wiederum aus drei Abschnitten,
genannt *Häuser* oder manchmal auch *Felder*. Die Bedeutung der Häuser ist streng in die allgemeine Thematik
des Quadranten, dem sie angehören, eingebettet. Jedes der
drei Häuser verweist dabei auf eine andere Entwicklungs-
stufe der übergeordneten Inhalte. Dadurch wird eine ver-
feinerte und prozeßorientierte Betrachtungsweise ermöglicht.

Erinnern Sie sich: Auch die Tierkreis-Quadranten erfuhren
mit Hilfe der drei Qualitäten *kardinal*, *fix* und *beweglich*

eine solche verfeinernde Gliederung (vgl. Seite 49). Auf der Häuserebene wird dieses Muster einfach übertragen: Jeder Quadrant unterscheidet demgemäß drei Häuser, von denen das erste *kardinale Qualität* besitzt, das zweite *fixe Qualität* und das letzte *bewegliche Qualität*.

Häuserqualitäten

Kardinale Häuser Widder / Krebs / Waage / Steinb.

Die ersten oder *kardinalen* Häuser enthalten die reine *Idee* eines Quadranten. Hier finden wir das gesamte *Potential* aller Möglichkeiten, die für eine spätere Verwirklichung in Frage kommen. Tatsächlich kann sich nichts im Konkreten zeigen, was nicht bereits hier als *Anlage* vorhanden ist.

Die kardinalen Häuser antworten auf die Frage: Was ist überhaupt möglich?

Fixe Häuser Stier / Löwe / Skorpion / Wasserm.

In den folgenden *fixen* Häusern findet die *Entscheidung* darüber statt, was aus diesem Potential an Ideen mit *Substanz* versehen wird. Sie treffen eine Auswahl, verdichten und *konkretisieren* die Anlagen. Dabei verraten sie auch etwas über die Qualität der *Materie*, wie sie zur *Umsetzung* des Quadrantenthemas zur Verfügung stehen.

Die fixen Häuser beantworten die Frage: Was soll umgesetzt werden und womit?

Bewegliche Häuser   Zwilling / Jungfrau / Schütze / Fisch

✳ Die *beweglichen* Häuser vollenden das Thema eines Quadranten, indem sie es in seiner *Wechselbeziehung* zur Umgebung darstellen. Sie bilden stets eine *Schnittstelle* zur *Umwelt* und zeigen uns, welche *Wirkungen* die konkretisierte Idee des Quadranten einerseits nach außen haben kann und welchen *Einflüssen* sie andererseits von außen ausgesetzt ist. Hier erst erhält der Quadrant ein »Gesicht«, nimmt *Raum* ein und wird *sichtbar*, was *Reaktionen* in der Umwelt provoziert.

Die beweglichen Häuser geben Auskunft auf die Frage: Was zeige ich der Umwelt, und wie?

Der Prozeß verläuft von der ursprünglichen Idee eines Quadranten bis zur sichtbaren Umsetzung wie ein Auswahlprozeß. So enthält etwa der Same einer Pflanze eine unendliche Fülle an umsetzbaren Möglichkeiten, mit der Einschränkung natürlich, daß aus einer Buchecker kein Ahorn wachsen kann *(kardinal)*, doch sobald die Samen auf den Boden fallen, wird eine Entscheidung getroffen, je nachdem, welche Bedingungen dieser Boden zur Konkretisierung des Potentials bietet *(fix)*. Trifft der Keim auf dürren und nährstoffarmen Boden, sehen seine Chancen schlechter aus als für den Keim, der in idealen Verhältnissen landet. Davon hängt es letztlich auch ab, ob und wie die neue Pflanze blühen und Früchte tragen wird *(beweglich)*.

d.h. fixe Häuser maßgebend?

Die Quadranten und ihre Häuser

Versuchen wir nun, unser Wissen über die Quadranten jeweils mit den drei Qualitäten der Häuser zu verbinden.

Bevor Sie die folgenden Abschnitte lesen, versuchen Sie ruhig einmal selbst, den zwölf Lebensthemen der Häuser auf die Spur zu kommen, indem Sie die Stichwörter der Qualitäten mit den Inhalten der Quadranten kombinieren. Hier kommt es nicht so sehr darauf an, ob Sie die Bedeutungen treffsicher und hundertprozentig herleiten können. Weitaus wichtiger ist, daß Sie eine Empfindung zu den drei Schritten des Prozesses in jedem Quadranten entwickeln. Die folgenden Ausführungen können Ihnen dann zur Bestätigung und als Diskussionsgrundlage dienen.

Jeder Absatz wird von einem Beispiel begleitet, das sich durch die drei Häuser eines Quadranten zieht. Nehmen Sie dies auch zum Anlaß, sich eigene Beispiele auszudenken.

Erster Quadrant: Mein Körper

1 *Kardinales Haus (AC):* Das erste Haus enthält die Anlagen meines Körpers, die angeborenen Informationen, die mir in die Wiege gelegt wurden und mit denen ich vorerst leben muß. Was hier nicht angelegt ist, kann sich auch nicht körperlich verwirklichen.

Beispiel: meine Haarfarbe. Wenn ich die Anlage zu roten Haaren habe, werden keine schwarzen auf meinem Kopf wachsen.

Thema: Was sind meine typischen körperlichen Bedürfnisse und wie will ich sie durchsetzen?

2 *Fixes Haus:* Im zweiten Haus erhalten die Anlagen Substanz und werden konkret, sie bekommen einen Leib, ein physisches Vehikel. Hier kommt es darauf an, auf welche »Baustoffe«, welche Materie mein

Organismus zurückgreifen kann, um die Umsetzung meiner Anlagen zu ermöglichen.

So hängt es im wesentlichen von der Zufuhr an Vitaminen, Mineralstoffen ab, ob mein Haar gesund ist oder nicht.

Thema: Was bedeutet mir meine materielle Existenz, und wie sichere ich sie ab?

| 3 | *Bewegliches Haus:* Schließlich tritt mein Körper mit meiner Umwelt in Kontakt, wird sichtbar und entfaltet seine Wirkung nach außen. In dem |

Moment, in welchem mein Körper in der Umgebung sichtbaren Raum einnimmt, entsteht Kommunikation. Deshalb finden wir hier auch alle Funktionen, die diesen Austausch ermöglichen: die Sinnesorgane, die Körpersprache, die Fähigkeit zu sprechen. Was ich allerdings davon zeige und wie ich dies tue, kann in den meisten Fällen manipuliert werden, indem ich beispielsweise meinen Körper kaschiere oder verändere.

Ich kann meine roten Haare blond färben und so deren Signalwirkung auf die Umwelt verändern. Ich kann sie aber auch abschneiden, unter einem Kopftuch verstecken, sie stolz präsentieren.

Thema: Wie trete ich körperlich in Kontakt mit meiner Umwelt, wie kommuniziere ich mit ihr?

Zweiter Quadrant: Mein Verhalten

| 4 | *Kardinales Haus (IC):* Das vierte Haus entspricht dem Potential all dessen, was mich innerlich bewegt, was ich unvermittelt mag und was nicht. |

Hier findet sich alles, was Beweggrund für mich sein kann. Das vierte Haus ist wie ein Fundus an schöpferischen

Motiven, mit denen ich mich identifizieren kann und auf deren Basis meine Persönlichkeit entsteht.

Beispiel: Wenn ich im Kino einen sentimentalen Film sehe, so kann er bei mir ein Gefühl von Rührung auslösen – je nachdem, ob ich dafür empfänglich bin oder nicht.

Thema: Welches sind meine typischen emotionalen Bedürfnisse? Woraus schöpfe ich Identität?

5 *Fixes Haus:* Im fünften Haus erhält der Beweggrund »Substanz«, er taucht als konkretes Gefühl auf und versucht sich in mir zu verwirklichen: Die Emotion ist da und bereit, sich Ausdruck zu verschaffen, beispielsweise in einer Handlung. Wie dies geschieht, hängt in erster Linie davon ab, wieviel ich von dem Gefühl zulassen kann. Handlungen summieren sich zu Verhalten, und Verhalten ist wiederum etwas, daß mich selbst als ein Individuum mit einer typischen Persönlichkeit erfahren läßt.

Im Kino sitzend empfinde ich tatsächlich Rührung, was entsprechende Verhaltensweisen auslöst. Beispiel: Jetzt möchte ich meinen Gefühlen freien Lauf lassen und einfach losheulen...

Thema: Was möchte ich konkret ausdrücken? Was gibt mir das Gefühl von Persönlichkeit?

6 Im sechsten Haus werden meine Gefühle für andere sichtbar, es stellt den Kontakt zu meiner Umwelt her. Hier habe ich wiederum die Möglichkeit, meine Emotionen und die daraus resultierenden Handlungen an die Situation und ihre Bedingungen anzupassen. Es zeigt sich, ob ich mich so gebe, wie ich es in mir

fühle, oder ob ich letztlich mein Verhalten anpasse. Dabei ist entscheidend, wieviel Raum ich meinen Gefühlen zugestehe und wieviel Raum ich den Gefühlen anderer lasse.

Vielleicht ist es mir peinlich, mich meinen Gefühlen unter all den anderen Kinobesuchern hinzugeben, und es gelingt mir, ganz »heimlich« zu weinen oder mit aufgesetztem Humor meine Rührung zu überspielen...

Thema: Wie trete ich emotional mit meiner Umwelt in Kontakt? Wie vermittle ich meine Gefühle?

Dritter Quadrant: Meine Umwelt

7 *Kardinales Haus (DC):* **Das siebte Haus beschreibt, was ich prinzipiell von meiner Umwelt erwarte und mir in ihr entsprechend begegnen kann.** Mein Interesse kann nur wecken, was auch Bestandteil dieses Hauses ist. Da dies meine Fähigkeit einschließt, mich intellektuell mit meiner Umwelt auseinanderzusetzen, enthält das siebte Haus meine Art zu denken.

Beispiel: Wenn ich mich auf einer großen Party befinde, wird es möglicherweise mehrere Personen geben, die ich interessant finde, während mir andere überhaupt nicht auffallen.

Thema: Wie ist mein typischer Zugang zur Umwelt beschaffen? Wie baue ich Beziehungen auf?

8 *Fixes Haus:* **Das achte Haus konkretisiert die Interessen und verleiht ihnen Verbindlichkeit und Beständigkeit,** d. h., ich wähle etwas aus den mir begegnenden Möglichkeiten aus und halte daran fest. So gesehen finden sich hier die Kriterien, nach denen ich entscheide, was und wem gegenüber ich mich verpflichtet fühle. Dies erst ermöglicht mir, konkret zu werden und aus Begegnungen dauerhafte Beziehungen oder Bindungen sowie aus Ideen unmißverständliche Wertmaßstäbe zu machen.

Auf der Party komme ich schließlich mit einem Menschen ins Gespräch, der meinen persönlichen Vorstellungen am ehesten gerecht wird, der mich vielleicht auf seine Art besonders »fesselt« und mich dazu anhält, mich näher mit ihm zu beschäftigen...

Thema: An welche Vorstellungen und Ideen binde ich mich? Auf welche geistigen Werte stütze ich mich?

9 *Bewegliches Haus:* Im neunten Haus werden meine Vorstellungen und Gedanken sichtbar. Hier wird geprüft, ob meine Ideen der Wirklichkeit standhalten. Alles ergibt sich daraus, wieviel Raum ich meinen eigenen und wieviel Raum ich den Gedanken anderer zugestehe, ob ich fähig bin, meine Gedanken zu vermitteln und andere Meinungen zuzulassen. Nur so werde ich auch auf eigene Irrtümer stoßen und aus diesen lernen können.

Das Gespräch auf der Party entwickelt sich, und es stellt sich heraus, daß mein Gegenüber zu einigen Themen völlig andere Ansichten an den Tag legt: Vielleicht nutze ich die Chance, um meinen Horizont zu erweitern, oder aber ich kann von meinen Standpunkten nicht abrücken und ziehe mich indigniert von der Diskussion zurück...

Thema: Wie stelle ich mich geistig dar? Wie vermittle ich meine Ideen und Vorstellungen?

Vierter Quadrant:
Die Gesellschaft, in der ich lebe

10 *Kardinales Haus (MC):* Das zehnte Haus umfaßt alle meine Möglichkeiten, die mir zur Verfügung stehen, um meinen Lebensweg in der Gesellschaft zu gehen, und zeigt mir, welcher Art mein Beitrag dabei sein könnte. In erster Linie geht es darum, welches Verhältnis ich zu den Konventionen und Normen habe, d. h., wie ich mich in der übergeordneten sozialen Situation plaziert sehe.

Beispiel: So könnte ich mich prinzipiell als aktives Mitglied der Gesellschaft begreifen und mich berufen fühlen, meine eigenen Ideen zur Gestaltung des Lebens in der Gemeinschaft einzubringen.

Thema: Welche typische Bedeutung hat für mich das Leben in der Gesellschaft?

11 *Fixes Haus:* Im elften Haus verleihe ich meinen Zielen im größeren Ganzen Substanz, d. h. eine faßbare Form. In die abstrakten Vorgaben fließt meine Persönlichkeit ein, die sich mit ihren Vorlieben und Talenten einen individuellen Weg suchen wird. In der Umsetzung zeigen sich die Chancen und die Schwierigkeiten, die sich ergeben, wenn ich meine persönlichen Bedürfnisse mit den öffentlichen unter einen Hut bringen möchte.

Vielleicht benutze ich mein Talent zur Schriftstellerei und schreibe ein Buch über meine Ideen. Ein anderer würde vielleicht den Weg des Politikers wählen. Dabei entdecke ich beispielsweise, daß ich vieles an den bestehenden Umstände zu kritisieren habe.

Thema: Wie sehe ich mich als Individuum in der Gesellschaft? Wo treten Widersprüche auf?

12 *Bewegliches Haus:* Das zwölfte Haus bringt es an den Tag. Hier wird sichtbar, was ich gesellschaftlich darstelle, welchen Platz ich in der Gesellschaft tatsächlich beanspruche – und wie sie auf meine Forderung reagiert. Dieser Moment kann sehr kritisch sein, da ich und meine Leistungen mit den öffentlichen Normen verglichen werden. Es zeigt sich auch, wieviel Raum die Gesellschaft für mich vorgesehen hat und ob sie mich fördert oder in meine Schranken verweist.

Wenn nun mein Buch veröffentlicht wurde, entscheidet sich, ob ich mit meinen Gedanken den Zeitgeist getroffen habe oder nicht, ob man mich versteht oder ob man mich unverstanden zurückweist. Möglicherweise fühlt sich die Gesellschaft aber auch von mir zu stark angegriffen und setzt mein Buch auf den Index. Dies kann so weit führen, daß sie mich ächtet... Vielleicht aber finden meine Ideen starken Anklang, dann sind mir öffentlicher Ruhm und Erfolg sicher.

Thema: Wie zeige ich mich in der Gesellschaft? Wie sieht mich die Gesellschaft?

Wo finde ich...?

Die zwölf Häuser, die hier als zwölf grundsätzliche Lebensthemen skizziert wurden, bilden den Rahmen für die kreative Horoskopinterpretation. Jede nur erdenkliche Fragestellung kann einem der zwölf Bereiche zugeordnet werden – die Kunst, den richtigen Bereich zu treffen, ist die Grundlage für eine gelungene Deutung. Je vertrauter Sie mit den primären Ableitungen aus den vier Erfahrungswelten der Quadranten sind, je genauer Sie zwischen den Prinzipien der Häuserqualitäten unterscheiden können, um so zielsicherer werden Sie.

Wie Sie ✦ Tafel IV.3. entnehmen können, wurde der Kreis der Häuser schon sehr früh mit dem Tierkreis parallel gestellt. Dadurch kam es nicht nur zu einer formalen, sondern auch zu einer inhaltlichen Übereinstimmung zwischen Häusern und Tierkreiszeichen. Tatsächlich ähneln sich die grundsätzlichen Bedeutungen sehr. Es ist deshalb nicht verwunderlich, daß viele Eigenschaften der Zeichen sich auf die Häuser abgefärbt und sie ergänzt haben. So erklären sich viele Zuordnungen der Häuser auch aus ihrer Entsprechung zum Tierkreis.

Werfen Sie daher, bevor Sie weitergehen, noch einmal einen Blick auf die Zusammenfassung der Zeichenthemen (vgl. Seite 70) und setzen Sie sie mit den entsprechenden Häusern gleich, indem Sie sich beispielsweise fragen: Was hat der Widder mit Haus 1 gemeinsam? Was der Stier mit Haus 2? Die Zwillinge mit Haus 3? ...

So gerüstet, können Sie sich an den folgenden Abschnitt heranmachen, in dem ich zu jedem Haus ein konkretes Thema vorstelle. Dabei kommt es mir darauf an, Ihnen nicht nur zu sagen, »der Begriff XY gehört in Haus Z«, sondern wie Sie sich eine Herleitung dieses Zusammenhangs vorstellen können. Auf Parallelen zum Tierkreis werde ich gegebenenfalls hinweisen. Letztlich möchte ich Ihnen zeigen, auf welche Weise sie vorgehen könnten, um eine bestimmte Fragestellung im Kreis der Häuser zu lokalisieren.

Wo finde ich ...

... meine Durchsetzungskraft?

Die Stärke oder auch Durchsetzungskraft eines Menschen wird durch Haus ① beschrieben. Hier findet sich unser *Aggressionspotential*, d. h. unsere angeborene Fähigkeit, uns das zu holen, was wir zur Befriedigung unsere Bedürfnisse benötigen. Auf einer instinktiven Ebene entspricht das unserem *Überlebenstrieb*. Besonders deutlich wird dies, wenn wir in eine Situation geraten, in der wir uns *verteidigen* müssen: Wie werden wir spontan reagieren? Welche Strategie werden wir anwenden, um uns *selbst zu behaupten?*

... meinen Besitz?

Besitz kann als eine Erweiterung unserer Körperlichkeit betrachtet werden: So wie der Körper uns die Ressourcen bietet, auf die wir zurückgreifen, um unsere Existenz *abzusichern*, sammeln wir in unserer unmittelbaren Nähe Dinge und Werte an, die einen ähnlichen Zweck erfüllen. Deshalb ist hier Haus ② zuständig, das darüber hinaus alle Themen berührt, die mit unserer persönlichen *Sicherheit* zu tun haben. In Anlehnung an die parallele *Stier-Thematik* gehört auch die Zugehörigkeit zu einer *Gruppe* in dieses Ressort.

... meinen Intellekt?

Intellekt als die Funktionsweise des Denkens betrifft Haus ③. Er ist damit eine angeborene und im Körper verwurzelte Funktion, deren Ziel aber die *Kontaktaufnahme* mit der Umgebung ist. So benötigen wir den Intellekt als Voraussetzung für *Kommunikation*. Inbegriffen sind die Parameter unserer *Intelligenz*, unser Konzentrationsvermögen, unsere Auffassungsgabe u. ä. Die Inhalte unseres Denkens dagegen, die Gedanken selbst, sind natürlich Bestandteil des dritten Quadranten.

... meine Phantasie?

Wenn man unter Phantasie das Potential zur Kreativität versteht, die prinzipielle *Einbildungskraft*, über die ein Mensch verfügt, so ist sie eindeutig Haus 4 zuzuordnen. In der Phantasie werden *Bilder bewegt*, die wiederum die Grundlage für jeglichen kreativen Prozeß (vgl. Haus 5) bilden, aber immer im Zustand des Möglichen verweilen können. Je größer die Einbildungskraft eines Menschen ist, um so mehr Gelegenheiten zur Kreativität hat er auch. Andererseits müssen dann aber auch genügend Ausdruckskanäle (vgl. Haus 5) vorhanden sein.

... Sexualität?

Haus 5 steht für alles, was ich *schöpferisch hervorbringe* – damit ähnelt es sehr dem Tierkreiszeichen *Löwe*. Hier steht das *Ausleben* meiner individuellen *Persönlichkeit* im Vordergrund, und dazu kann ich auch meinen Sinn für *Erotik* und meine *Sexualität* zählen. Geht es jedoch um die sexuelle *Potenz*, d. h. darum, wieviel Energie ich für dieses Thema erübrigen kann, muß ich in Haus 1 blicken, wo sich meine angeborene Kraftquelle befindet. Ist schließlich die *Fortpflanzung* im Sinne der *Paarung* gemeint, müssen wir uns dem dritten Quadranten zuwenden, und hier vor allem dem Haus 8 – wo Beziehungen verbindlich werden. ...Da dieses Haus mit allem, was ich hervorbringe, in

Zusammenhang steht, gehören in seinen Rahmen auch die *Kinder* bzw. mein Verhältnis zu ihnen hinein.

... Krankheiten?

Krankheit ist ein weites Feld. Da im Grunde jede Form der Erkrankung eine ganz eigene Thematik und damit eine ganz individuelle Plazierung in den Häusern erfährt, sei nur so viel erwähnt: Wenn wir von körperlichen Erkrankungen ausgehen, bedarf es natürlich eines deutlichen Bezuges zum ersten Häuserquadranten. Da viele Krankheiten jedoch einen psychischen Hintergrund haben, finden wir auch viele Hinweise im zweiten Quadranten. Eine besondere Rolle in der Frage *psychosomatischer Erkrankungen* spielt Haus ⑥: Es steht für die Fähigkeit, unsere inneren Bedürfnisse in Einklang mit den äußeren Umständen zu bringen. Gelingt uns dies nicht, besteht die Gefahr, krank zu werden, z. B. weil wir uns Bedingungen unhinterfragt unterordnen und unseren Gefühlen keinen Raum geben. Haus ⑥ zeigt uns deshalb, wo wir am ehesten zu solchen Erkrankungen neigen.[5]

... meinen Partner?

Sicherlich werden Sie dieses Thema problemlos Haus ⑦ zuweisen können. Dennoch sollte hier etwas differenziert werden. Haus ⑦ enthält im Grunde mein *Potential* für alle Arten von Beziehungen, wovon die zu meinem Lebenspartner bestimmt eine herausragende Stellung einnimmt. Tatsächlich gibt uns dieses Haus eher über die Ideale Auskunft, die wir an unseren Partner geknüpft haben, wonach ich mich im Sinne einer *Ergänzung meines Lebens* im anderen *sehne*, während die konkrete Ausdrucksform unserer Beziehung als *Bindung* z. B. in Form einer *Ehe* oder jeder anderen verbindlichen *Lebensgemeinschaft* Gegenstand von Haus [8] ist.[6]

... den Tod?

Der *Tod* in der Astrologie ist ein schwieriges Thema – gerade die astrologische Vorhersage des Todeszeitpunktes ist ein aus moralischen Gründen äußerst umstrittenes Feld. Aussagen über den Tod und unser Verhältnis zu ihm finden wir in Haus [8], das offensichtlich über die Parallele zum Tierkreiszeichen Skorpion – dem Zeichen des herbstlichen »Todes« der Natur – zu dieser Zuordnung gelangte.

... Reisen?

»*Reisen bildet*«, besagt eine alte Weisheit und liefert uns den Hinweis dafür, daß wir diesem Thema im Haus [9] begegnen. Schließlich entsteht *Bildung* auf der Grundlage der geistigen Auseinandersetzung mit den Ideen anderer, und wenn ich dazu fremde Kulturen aufsuche, um möglicherweise mein begrenztes Bild von der Welt (Haus [8]) zu *erweitern* und mich in *Toleranz* und *Offenheit* gegenüber anderen Wertesysteme zu üben, betrifft es eindeutig dieses Haus. Traditionell sind damit aber eher *große Reisen* gemeint – *kleine Reisen* (innerhalb der eigenen Kultur) gelten als Domäne von Haus [3], wohl ein Anklang an die kurzen Verbindungswege, wie sie für das entsprechende Zeichen Zwillinge typisch sind. Was ich aber nun als große, was als kleine Reise einstufen werde, ist in erster Linie eine Frage des persönlichen Ermessens.

... *meinen Beruf?*

In aller Regel messen wir unsere gesellschaftliche Bedeutung an unseren *beruflichen Aussichten,* weswegen dieses
Thema prinzipiell eine Frage von Haus 10 ist. Besser aber
wäre es, von einer *Berufung* zu sprechen. Darunter kann
man ein Bild verstehen, in dem sich idealerweise mein
persönlicher Lebensweg mit den Zielen der Gesellschaft
deckt, z. B. wenn ich mich als künstlerisch begabt sehe und
als solcher innerhalb der Gesellschaft auch Anerkennung
finde. Haus 10 entspricht dabei eher dem Bild, das ich vor
Augen habe, wenn ich mich beruflich erfüllt sehe. Die
Schwierigkeiten und Chancen in der konkreten Umsetzung meiner Vorstellungen finde ich dagegen in Haus 11.

... *meine Freiheit?*   *11. H,*

Ein so abstrakter Begriff, der bei genauer Betrachtung mehr
Fragen aufwirft, als er beantworten kann, findet auch keine
eindeutige Zuordnung: Mehrere Häuser behandeln dieses
Thema aus unterschiedlichen Perspektiven. Nur soviel sei
angemerkt: Wenn es um mein *persönliches Freiheits-
potential* geht und ich darunter meine Freiheit als *Individuum* betrachte, mich auch *gegen* bestehende Umstände
zu entscheiden, befinde ich mich in Haus 11. Freiheit ist
hier jedoch immer daran gebunden, gegen eine Sache zu
sein, setzt also eine gegebene, als einschränkend empfun-
dene Situation voraus (10), *von der* ich mich befreie. Der
allgemeine Zustand des »*Freiseins*«, in dem ich die Freiheit besitze, dieses zu tun und jenes zu lassen, mich also
keiner Konvention und keiner Verpflichtung unterworfen
sehe, ist Inhalt von Haus 12. Hier ist man nicht mehr nur
frei von, hier ist man *frei zu* ...

... *meine Spiritualität?*

Haus 12 kann als eines der am meisten mißverstandenen Häuser in der Astrologie betrachtet werden. Dies liegt daran, daß es thematisch zunächst so unvereinbar erscheinende Themen wie Krankenhaus, Nervenheilanstalt, Gefängnis, die öffentliche Selbstdarstellung und eben auch die Suche nach Wahrheit und Spiritualität beinhaltet. Was haben diese Dinge gemeinsam? Erinnern Sie sich: Im beweglichen Haus des vierten Quadranten wird *sichtbar*, wie mein Verhältnis zur Gesellschaft beschaffen ist und wie die Gesellschaft darauf reagiert: Je nachdem ernte ich hier die Früchte von Haus 11 oder gehe leer aus. Habe ich mich dort z. B. unbotmäßig über die Konventionen (Haus 10) hinweggesetzt, werde ich hier damit rechnen müssen, von der Gesellschaft ausgeschlossen zu werden und wandere ins Gefängnis. Wirkt mein von der Norm abweichendes Verhalten (Haus 11) völlig unangepaßt, komme ich u. U. in eine geschlossene Anstalt. Eine andere Möglichkeit besteht darin, in Haus 12 zu erkennen, daß hinter den Beschränkungen der Gesellschaft (Haus 10) eine höhere Wahrheit verborgen liegt, die sie hinfällig machen: Dies kann mich in einen spirituellen Zustand führen, und ich befreie mich so von den Zwängen der Gesellschaft. Die offensichtlichste Möglichkeit, sein Haus 12 zu leben, besteht aber darin, durch die erfolgreiche Darstellung seiner individuellen gesellschaftlichen Position die Gesetze der Gesellschaft neu zu interpretieren – indem man z. B. zum Trendsetter wird oder durch hervorragende Leistungen in die Geschichte eingeht ...

Übung: Begriffe einem Haus zuordnen

Ich denke, daß Ihnen diese Überlegungen genügend Anregung liefern, um sich der nun folgenden Aufgabe zu widmen: Ordnen Sie bitte die Begriffe in der Tabelle je einem Haus zu. Lösungsvorschläge finden Sie auf Seite 241.

✓ ~~XII~~ 1. Berühmtheit ~~XII~~ ~~XI~~ FISCH
~~IV~~ 2. Familie ~~VIII~~ (~~V~~) KREBS
~~VII~~ 3. Feinde ± ~~VI~~ WAAGE
✓ ~~I~~ 4. Geld ~~II~~ STIER
~~X~~ 5. Gesetze ~~VI~~ STEINBOCK
~~IV~~ 6. Heim ~~VII~~ KREBS
✓ ~~I~~ 7. Immunsystem ~~VI~~ ± WIDDER
~~V~~ 8. Kinder ~~VIII~~ LOEWE (Spieltrieb / Risikofr.)
~~XII~~ 9. Kloster ~~XII~~ FISCH (aunßerhalb d. Gesellschaft
✓ ~~XII~~ 10. Meditation FISCH übergeordnete Wahrheiten)
~~III~~ 11. Motorik ~~II~~ ZWILLING (Beweglichkeit)
~~XI~~ 12. Partei ~~VII~~ WASSERMANN (Parteien, Bürgerin/Hiativen
best. Umstände verbesse
✓ ~~III~~ 14. Sprachtalent ~~III~~ ZWILLING
✓ ~~VIII~~ 15. Treue ~~XI~~ ~~VIII~~ SKORPION
~~IX~~ 16. Universität ~~III~~ SCHÜTZE
~~VIII~~ 17. Verträge SKORPION
✓ ~~II~~ 18. Wetterfühligkeit ← ~~VI~~ JUNGFRAU (Anpassungs-
fähigkeit)

Die Häuser in den Tierkreiszeichen

Ein Blick auf jedes beliebige Horoskop wird Ihnen zeigen, daß Tierkreis und Häuserkreis eine unzertrennliche Einheit bilden: Die Spitzen aller Häuser befinden sich in irgendeinem Tierkreiszeichen (↗ Tafel II.1. und II.2.).

Ein erster Schritt in der Deutungspraxis ist, die Aussagen der beiden Systeme zu verbinden, d. h. der Frage nachzugehen: Was bedeutet es, wenn das Zeichen XY die Spitze des Hauses Z besetzt? Welchen Einfluß hat der Charakter des Zeichens auf den Inhalt des Hauses?

Hier sollten Sie sich an die Erläuterungen zum thematischen Unterschied zwischen Tierkreis und Häuserkreis (vgl. Seite 74) erinnern: Der Tierkreis steht für *kollektive Einflüsse,* wohingegen die Häuser deren *individuelle* Umsetzung im konkreten Leben beschreiben.

Ein Bild kann hier helfen: Denken Sie sich die astrologischen Häuser wie die Zimmer tatsächlicher Häuser, dann finden Sie auch hier Räume mit unterschiedlichen Funktionen, wie Badezimmer, Küche, Bibliothek, Schlafzimmer, Speisekammer, Kinderzimmer.[12] Das Zeichen an der Spitze eines Hauses kann dann mit der Einrichtung dieser Zimmer verglichen werden, und zwar mit dem Stil und der dadurch erzeugten Atmosphäre: z. B. ein barocker, üppiger Stil, Landhausstil, farbenfroh und verspielt, sachlich und klar. Ähnlich »färbt« das Tierkreiszeichen die Atmosphäre und die Inhalte eines Hauses typisch ein: Widder an der Spitze von Haus 6 verleiht den Themen dieses Hauses eine andere Note als beispielsweise Krebs oder Skorpion.

In der folgenden Übung finden Sie das Horoskop einer prominenten Persönlichkeit. Ihre Aufgabe besteht nun darin, die Themen der Häuser mit den Tierkreiszeichen, die sich an den Spitzen befinden, auf die geschilderte Art und Weise zu verknüpfen. Am besten, Sie formulieren für sich die Tierkreiszeichen im Sinne bestimmter *Eigenschaften*, die Ihnen typisch erscheinen, während Sie sich die Inhalte der Häuser in Form von *Fragen* vergegenwärtigen, wie sie beispielsweise im Abschnitt »Die Quadranten und ihre Häuser« auf Seite 89 vorgeschlagen wurden.

Beispiel: Widder an der Spitze von Haus ③.

Drittes Haus – Frage: Wie trete ich körperlich in Kontakt mit meiner Umwelt, wie kommuniziere ich mit ihr?

Widder – aggressiv, ungestüm, aktiv, impulsiv, unbekümmert, mutig, unüberlegt, rastlos etc.

Mit Widder an der Spitze von Haus ③ gehe ich mutig und aktiv auf meine Umwelt zu, wobei ich manchmal auch etwas aggressiv auf andere wirken kann. Vielleicht setze ich auch meinen Körper oft zu ungestüm ein, wirke auf andere deshalb etwas hektisch und rastlos...

Spielen Sie ruhig mit den Bildern und den Möglichkeiten, die vor Ihrem geistigen Auge auftauchen, wenn Sie sich eine solche Person vorstellen – Sie werden sich nach und nach immer weiter von den ursprünglichen Stichwörtern »wegspinnen« und eigene Assoziationen kreieren.

Allerdings genügt es fürs erste, wenn Sie sich den beiden *Hauptachsen* des Horoskops widmen, also den kardinalen Häusern jedes Quadranten, dem *Aszendent (AC)*, dem *Deszendent (DC)*, *Medium Coeli (MC)* und *Imum Coeli (IC)*. Diese enthalten die gesamte Themenvielfalt ihres Quadranten in komprimierter Form, sie bilden sozusagen die keimhafte Grundanlage, von der die restlichen Häuser nur konkretisierte Abstufungen darstellen. In der Praxis genügt daher der Blick auf diese vier Hauptbereiche, deshalb beschränkte ich mich bei den Lösungsvorschlägen auf Seite 243 auf diese Bereiche.

Übung:
Häuserthemen mit den Tierkreiszeichen verknüpfen

1. Betrachten Sie das folgende Beispielhoroskop – eine auf unsere Bedürfnisse »abgespeckte« Variante ohne Lichter

und ohne Planeten – und notieren Sie sich jeweils, in welchem Tierkreiszeichen die Spitze jedes einzelnen Hauses plaziert ist. Benutzen Sie dazu eine Tabelle, wie die auf Seite 108.

Wichtig: Es spielt dabei überhaupt keine Rolle, wo die Spitze des Hauses in das Zeichen fällt, entscheidend ist, daß sie sich in einem Tierkreiszeichen befindet, egal wie weit an dessen Anfang oder Ende.

Beachten Sie, daß sich an der Spitze gegenüberliegender Häuser zwingend auch immer sich gegenüberliegende Zeichen befinden müssen! (Wenn also Waage an der Spitze von Haus ② steht, muß zwingend Widder an der Spitze von Haus ⑧ zu finden sein.)

2. Überlegen Sie sich Fragen zu den vier kardinalen Hausspitzen, und verknüpfen Sie sie mit den Eigenschaften der betreffenden Tierkreiszeichen.

Beispiele für Ihre Fragen könnten so aussehen:

Haus ①: Aszendent. *Wie möchte ich meine körperlichen Bedürfnisse durchsetzen?*

Haus ④: Imum Coeli. *Wie ist meine Gefühlswelt beschaffen, und wie möchte ich ihr Ausdruck verleihen?*

Haus ⑦: Deszendent. *Wie nehme ich Kontakt zu meiner Umwelt auf? Wie denke ich?*

Haus ⑩: Medium Coeli. *Wie sehe ich meinen Platz in der Gesellschaft?*

Achten Sie dabei auch auf die Wechselbeziehungen zwischen den vier kardinalen Häusern, wie im Abschnitt »Die zwei Hauptachsen« auf Seite 83 beschrieben.

Beispielhoroskop
Teil 1

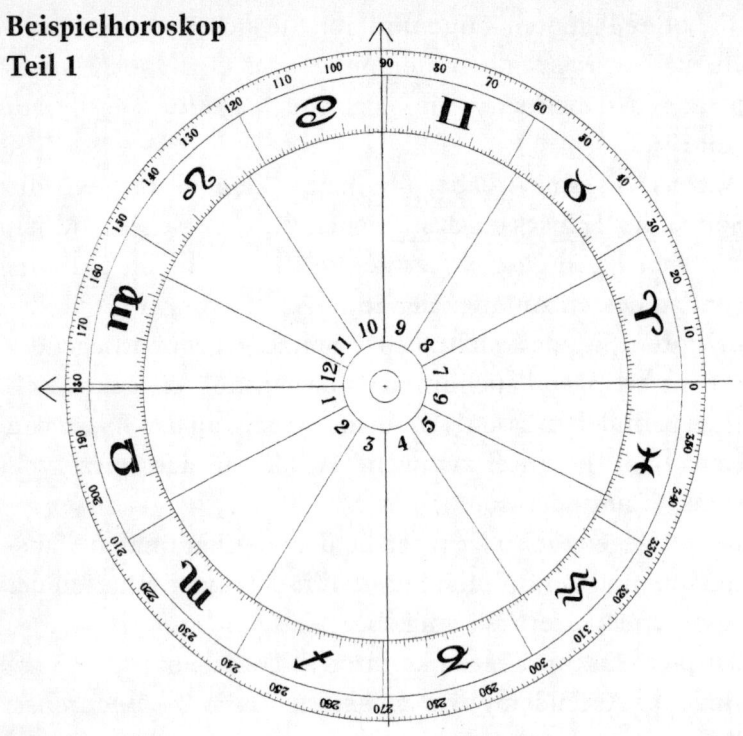

Beispielhoroskop Teil 1: Die Häuser in den Tierkreiszeichen

Quadrant	Tierkreiszeichen	Deutung
AC		
IC		
DC		
MC		

Die Planeten

Zahme und wilde Schafe

Am Anfang aller Astronomie steht die Beobachtung des Sternenhimmels. Schon die Astronomen im alten Babylon erkannten neben der Unzahl an Fixsternen auch eine Handvoll Lichtpunkte, die nicht täglich in exakt denselben Konstellationen »wiederkehren« (auf- und untergehen), sondern vor dem Hintergrund der Fixsterne eigenständig ihre Position verändern. Tatsächlich verfolgen sie dabei recht eigensinnige Bewegungen, laufen am Himmel hin und her (✔ Tafel V.4.), so daß sie den Babyloniern, welche die Gesamtheit aller Sterne mit einer Schafherde (»bibbu«) verglichen, im Gegensatz zu den »zahmen« Fixsternen wie wilde und umherirrende Schafe erscheinen mußten. [7] Die Griechen, denen wir letztlich die Grundelemente unseres modernen Astrologieverständnisses verdanken, übernahmen diese Vorstellung und nannten diese wandernden Sterne »planêtes asteres«, weil sie wie Vagabunden über das Firmament streifen. Noch heute nennen wir jene unsteten Gesellen Wandelsterne oder *Planeten*.

Bei genauerer Betrachtung aber wandern die Planeten nicht wirklich kreuz und quer über den Himmel, sondern bewegen sich einen mehr oder weniger klar bestimmbaren Pfad entlang, der sie immer wieder durch dieselben Sternbilder führt.[13] Dieser Pfad ist die *Ekliptik*, die wiederum dem scheinbaren Jahreslauf der Sonne um die Erde entspricht (↗ Tafel III.4.). Ihr entlang laufen sowohl Planeten als auch Sonne und Mond. Durch die unterschiedlichen Geschwindigkeiten der einzelnen Gestirne kommt es immer wieder zu Überholmanövern, und wir sehen deshalb Sonne, Mond und Planeten nicht immer in derselben Reihenfolge. Auch täuscht der Eindruck einer in Reih und Glied marschierenden Gruppe, denn betrachteten wir dasselbe aus anderer Perspektive, nämlich statt von der Seite von oben her, würden wir erkennen, daß sich die Planeten wie auf einem Schallplattenteller in unterschiedlichen Entfernungen und Geschwindigkeiten um einen gemeinsamen Mittelpunkt drehen, der je nach Weltbild entweder mit der Erde (geozentrisch) oder mit der Sonne (heliozentrisch) besetzt ist (↗ Tafeln V.1. und V.2.).

Zu den Planeten werden astrologisch auch Sonne und Mond gerechnet, obwohl sie es im eigentlichen Sinne nicht sind. Schon an Größe und Helligkeit übertreffen sie alles andere am Himmel. Deshalb bezeichnet man sie auch als *Lichter*.

Im Laufe der Jahrhunderte der Himmelsbeobachtung hat die Planetenfamilie Zuwachs bekommen: Durch die Entwicklung der Teleskope konnten in den letzten dreihundert Jahren Neptun, Uranus und Pluto im Dunkel des Weltalls ausgemacht werden.

Hier stellt sich die Frage, wie weit wir mit unserem Grundsatz gehen können, nach dem Astrologie aus der Anschauung geboren ist. Für die sogenannten »klassischen« fünf Planeten Merkur, Venus, Mars, Jupiter und Saturn sowie die beiden Lichter Sonne und Mond stellt dies keine Schwierigkeit dar: Für sie kann aufgrund ihrer typischen Farbe, Gestalt und Verhaltensweise ein charakteristisches

Bild entworfen werden. Die drei »teleskopischen« Planeten dagegen entziehen sich unserer unmittelbaren Anschauung. Es gibt keine auf alten Beobachtungen basierenden Erkenntnisse wie bei den klassischen fünf Wandelsternen, die bereits von den Babyloniern aufgezeichnet wurden. Dagegen ist neu, daß wir ihre Geschichte kennen, das Datum ihrer Entdeckung und die historischen Umstände, in die diese gebettet war. Tatsächlich erweist sich die Betrachtung der damals vorherrschenden Zeitqualität als äußerst ergiebiges Anschauungsmaterial, um den Schlüssel zur Bedeutung der »modernen« Planeten zu finden.

In den folgenden Abschnitten geht es um diese und die allgemeine Anschauung. Aus allen wichtigen Faktoren, die sich sowohl aus geozentrischer wie auch aus heliozentrischer Sicht für uns ergeben, möchte ich ein Bild der Planetenfamilie zeichnen, welches uns später als Deutungsgrundlage zur Verfügung stehen soll.

Machen Sie sich am besten nach jedem Abschnitt stichpunktartige Notizen zu den jeweils typischen Eigenschaften der Planeten. Die wichtigsten »technischen« Daten können Sie auf den Planeten-Steckbriefen der Tafel V.3. einsehen und vergleichen.

Die Anschauung der Planeten

Die beiden Lichter

Zwei der Himmelskörper unterscheiden sich aufgrund ihrer Größe[14] und ihrer alles überstrahlenden Helligkeit von den übrigen »Wandelsternen«: die Rede ist von den Lichtern *Sonne* und *Mond*.

Auch sie umkreisen die Erde in einer eigenen Bahn, vollziehen jedoch keine dieser merkwürdigen Schleifen am Himmel, verlassen also nie ihre angestammte Richtung. Ihre Erscheinung ist so dominant und ihre Wirkungen so unmittelbar auf der Erde spürbar, daß sie natürlich weit früher die Aufmerksamkeit der Menschen auf sich gezogen haben müssen als die vergleichsweise winzigen Lichtflecken der Planeten. Dies spiegelt sich auch in der Astrologie wider, in der sie eine über alles andere herausragende Bedeutung besitzen.

SONNE. Kein Gestirn hat die Menschen wohl so beeindruckt, wie die *Sonne*, die als Herrscherin über Licht und Dunkelheit die beiden wichtigsten Rhythmen allen Lebens auf der Erde bestimmt: den Wechsel von Tag und Nacht und den Wandel der Jahreszeiten.

Die Sonne leitet ihren Namen in praktisch allen Kulturvölkern von Wortwurzeln ab, die etwas mit »brennen« und »leuchten« zu tun haben – ein offensichtlicher Bezug zu der sichtbaren wie spürbaren Energie, die sie aus ihrem Zentrum in alle Richtungen abstrahlt und ohne die Leben auf der Erde undenkbar wäre.

Aber nicht nur in diesem Sinne ist sie Beginn und Zentrum alles Lebendigen: Aus heliozentrischer Sicht (↗ Tafel V.2.) ist sie der Mittelpunkt unseres Sonnensystems, um den sämtliche Planeten kreisen.

Alles, was Licht und Farbe besitzt, empfängt es im Grunde von der Sonne und reflektiert es lediglich zurück: Dies verkörpert der Mond mit seinen Phasen am deutlichsten, dessen erleuchtete Seite stets in Richtung Sonne weist. Aber auch allen anderen Planeten verleiht die Sonne erst ihre Sichtbarkeit und damit ihre Bedeutung. Sie bringt die Dinge an den Tag: Ihr Licht offenbart ihre Verschiedenheit und Eigenart – so wie sich der farblose Sonnenstrahl durch Brechung schließlich in alle Farben des Spektrums auffächert.

MOND. Da der *Mond* neben der Sonne die hellste Erscheinung am Himmel ist, kam er in seiner Bedeutung für den Menschen der Sonne fast gleich, übertraf sie in manchen Kulturen sogar, schließlich ist er nicht sosehr wie sie auf eine Hälfte des Tages festgelegt und nicht nur nachts, sondern zuweilen auch am Tage sichtbar.

Das augenfälligste Merkmal des Mondes aber ist seine rhythmische Gestaltwandlung, das Zu- und Abnehmen in wiederkehrenden Phasen. Seine stärkste Lichtkraft entwickelt er als Vollmond: Dann regiert er allein und souverän das nächtlichen Firmament, während er die Welt mit seinem kühlen silbrigen Schimmern in ein unwirkliches Szenario taucht.

Die Regelmäßigkeit seiner Phasen machte ihn zu einem idealen Zeitmesser, der den Jahreslauf der Sonne in kleinere Abschnitte, die Monate, gliedert, welche ursprünglich der Zeitspanne von einem Vollmond zum nächsten entsprachen, also etwa 29 Tage. Überhaupt würdigt sein Name in vielen Sprachen diese Eigenschaft und leitet sich von Wörtern mit der Bedeutung »messen« ab. Viele Zyklen des irdischen Lebens hängen offensichtlich mit dem Mond zusammen, allen voran der Wasserzyklus von Ebbe und Flut, welcher auf der Anziehungskraft des Erdtrabanten beruht und nachweislich einige einfache Lebensformen beeinflußt.[15] Aber auch eher unwissenschaftliche Zusammenhänge verweisen auf die Macht, die man ihm gerne zuschreibt, wie das Umschlagen des Wetters, Geburtenhäufigkeiten und die berüchtigte »Mondsüchtigkeit« und das Schlafwandeln. Die Übereinstimmung des lunaren mit dem weiblichen Regelzyklus schließlich hat Menschen dazu veranlaßt, ihn als Verursacher dieser Rhythmen anzusehen. Immer wieder wurde er deshalb auch als Herrscher über die Fruchtbarkeit der Natur angesehen.

Seine fleckige Oberfläche weckte die Phantasie der Menschen und lud sie zu allen erdenklichen Geschichten über das ein, was sie darin wahrzunehmen glaubten, sei es der berühmte »Mann im Mond«, ein Hase oder einfach ein Gesicht, dessen Tränen als Morgentau auf den Gräsern zurückbleiben...

Die fünf klassischen Planeten

Wenden wir uns nun den restlichen, mit bloßem Auge beobachtbaren Wandelsternen zu, die – wie bereits erwähnt – durch periodisch auftretende Schleifenbewegungen (↗ Tafel V.4.) auffallen und deshalb im eigentlichen Sinne »Planeten« sind.[16]

MERKUR. Ein Blick auf die Darstellung unseres Sonnensystems (↗ Tafel V.2.) zeigt, daß *Merkur* der sonnennächste Planet ist und sich demzufolge gemäß den Gesetzen der Gravitation am schnellsten von allen Planeten bewegt. Gleichzeitig wirkt seine Bahn am Himmel durch die häufigen Phasen der Rückläufigkeit besonders unruhig und hektisch.

Aus geozentrischer Sicht (↗ Tafel V.1.) scheint Merkur die unmittelbare Nähe der Sonne nie zu verlassen, weshalb ihn Johannes Kepler den »Mond der Sonne« nannte. Die Nähe zur Sonne macht ihn allerdings zu einem nur schwer beobachtbaren Objekt, das in der Regel von ihrem Licht überstrahlt wird. Nur in den Stunden der Dämmerung, und auch dies nur wenige Male im Jahr, taucht er als Morgen- oder Abendstern auf. Nikolaus Kopernikus, der Begründer des modernen heliozentrischen Weltbildes, klagte noch kurz vor seinem Tode 1543, daß es ihm zeit seines Lebens nicht vergönnt war, den innersten Planeten mit eigenen Augen gesehen zu haben.

♀ **VENUS.** Der zweite Planet unseres Sonnensystems fiel den Menschen durch sein glanzvolles Erscheinungsbild auf und genoß daher hohes Ansehen. Tatsächlich ist *Venus* nach Sonne und Mond das hellste Gestirn am Himmel – ja, sie kann unter günstigen Bedingungen in mondlosen Nächten sogar sichtbare Schatten werfen.

Ihre Umlaufbahn ist die harmonischste und kommt der Kreisform am nächsten. Ähnlich Merkur kann sie sich nicht allzu weit von der Sonne entfernen, aber aufgrund ihres strahlenden Lichtes ist sie wesentlich leichter zu beobachten und gilt als der klassische »Lichtbringer«, lat. *Luzifer*, gr. *Phosphoros*, der als Morgenstern das Herannahen des Tages verkündet und als Abendstern oder griechisch *Hesperos* den Tag verabschiedet. Diesen Glanz verdankt Venus ihrer dichten, vielschichtigen Wolkenhülle, welche das Sonnenlicht ausgezeichnet reflektiert, uns bis heute aber die direkte Sicht auf ihre Oberfläche versperrt.

♂ **MARS.** Unser nächster Nachbar im Sonnensystem ist *Mars*, der berüchtigte rote Planet, dessen unübersehbare Färbung bei nahezu allen Völkern mit Feuer und Blut assoziiert und deshalb mit Krieg und Zerstörung in Verbindung gebracht wurde. Tatsächlich ist seine Farbe auf einen erhöhten Eisengehalt des Bodens zurückzuführen. Von uns aus gesehen bietet er einen recht unsteten Anblick, da seine Helligkeitsschwankungen die der anderen Planeten bei weitem übertreffen.

Die Beobachtung seiner Oberfläche war selbst nach der Erfindung des Fernrohrs recht schwierig, da seine Atmosphäre oftmals durch gewaltige Staubstürme getrübt wird. Erst durch die Entsendung von Raumsonden konnten viele Punkte geklärt werden. Davor veranlaßten Beobachtungen von vermeintlichen »Kanälen« auf dem Mars viele Wissenschaftler zu der Annahme, es gäbe auf ihm Hinweise für eine außerirdische Zivilisation. Nichtsdestoweniger bestand lange die Angst vor einer Invasion der Marsianer, wie z. B. im Roman *Krieg der Welten* von H. G. Wells. Wahrscheinlich aber wird es der Mensch selber sein, der auf der Suche nach neuem Lebensraum diesen »kriegerischen« Planeten erobern wird.

♃ **JUPITER.** In der Reihe der Planeten eröffnet *Jupiter* eine neue Gattung: die der Gasriesen, zu der alle nach ihm folgenden Planeten gehören – außer ihrem Schlußlicht Pluto. Nicht mehr so nervös wie Mars, aber ohne die bleierne Schwere des Saturn zieht er ruhig und majestätisch seine Bahn am Himmel.

Neben Venus ist er das hellste und strahlendste Gestirn am Firmament und ist im Gegensatz zu ihr nicht nur in der

Dämmerung sichtbar. Im Vergleich zu allen anderen Planeten ist er ein wahrer Gigant: Er ist rund 1335mal größer als unsere Erde und damit nach der Sonne das größte Objekt unseres Sonnensystems, selbst wiederum Gebieter über eine Familie von sechzehn Monden, deren größter, *Ganymed*, sogar den Planeten Merkur übertrifft. Galileis Entdeckung der Jupitermonde, die ihm im Jahre 1610 durch erstmaligen Einsatz eines Fernrohrs gelang, erweiterte den Horizont der Wissenschaften erheblich und ebnete den Weg zum endgültigen Wandel des Weltbildes.[17]

♄ **SATURN.** Der zweitgrößte Planet unseres Sonnensystems ist zugleich der letzte mit bloßem Auge sichtbare: *Saturn*. Bereits bei den Babyloniern hieß er »der Beständige«, weil er sich durch seine langsamen, fast schleppenden Bewegungen am Himmel auszeichnet, die wir nur über lange Strecken der Beobachtung ausmachen können. Zudem ist sein Licht vergleichsweise schwach und matt.

Wieder gelang es mit Hilfe des Fernrohrs, die eigentliche Besonderheit dieses Planeten zu entdecken: Er besitzt einen gewaltigen Ring aus Eis- und Steinpartikeln, der ihn mit unglaublicher Präzision auf der Höhe seines Äquators umgürtet.[18]

Saturn galt lange Zeit als äußerste Grenze des Planetensystems, mit ihm schloß man die himmlische Harmonie der klassischen sieben Planeten ab – zwei Lichter und fünf Wandelsterne. Um so dramatischer war 1781 die Entdeckung, daß es jenseits dieser Schwelle noch weitere Planeten geben mußte...

Die drei »transsaturnischen« Planeten

Mit Saturn lassen wir die sichtbaren Planeten hinter uns und begeben uns in einen Bereich, von dem wir erst durch die Erfindung technischer Hilfsmittel Kenntnis erlangt haben. Somit ergibt sich *jenseits* der Umlaufbahn von *Saturn* eine deutliche Zäsur, hinter der wir auf die drei *transsaturnischen* Wandelsterne treffen: Uranus, Neptun und Pluto.

URANUS. *Uranus* ist in mehrfacher Hinsicht ein besonderer Planet. 4000 Jahre und länger bestand die Ordnung der klassischen Siebenheit der Planeten, die man als Beweis göttlicher Ordnung und Harmonie im kosmischen Bauplan betrachtet hatte: im Jahre 1781 entdeckte Friedrich Wilhelm Herschel mit seinem Fernrohr diesen neuen Planeten – und zerbrach das alte Weltbild.[19]

Diese naturwissenschaftlichen Ereignisse von außergewöhnlicher Tragweite fielen zeitlich in die Nähe des Sturmes auf die Bastille 1789, dem Ausbruch der Französischen Revolution, die sich den Sturz der überkommenen und ungerechten Strukturen der Aristokratie auf die Fahnen geschrieben hatte.

Selbst bei unmittelbarer Betrachtung dieses Gasplaneten fallen weitere einmalige und ungewöhnliche Eigenheiten auf: So ist seine Rotationsachse derart extrem zu seiner Umlaufbahn geneigt, daß er fast wie ein Ball um die Sonne »rollt« – und noch dazu, in puncto Eigenrotation, stets rückläufig.

NEPTUN. Aufgrund von Bahnstörungen des Uranus vermuteten Astronomen schon bald die Existenz eines weiteren transsaturnischen Planeten, tappten aber lange Zeit sprichwörtlich im dunkeln. Tatsächlich bestätigen Aufzeichnungen vor seiner eigentlichen Entdeckung, daß einige ihn bereits gefunden, aber nicht als Wandelstern erkannt hatten. Erst J.G. Galle konnte *Neptun* 1846 ausfindig machen, einen Gasplanet mit grünlichblauer Färbung: Seine Atmosphäre weist einen so hohen Gehalt an Methangas auf, daß alles rote Licht geschluckt wird.

Der Zeitgeist dieser Jahre brachte mit der Industrialisierung auch das Ausufern sozialer Mißstände mit sich: 1848 schließlich rief Marx zur Vereinigung des Proletariats aller Länder auf. Aber auch viele wissenschaftliche Bereiche erlebten hier ihren Durchbruch, wie z.B. die Medizin und die Chemie. Allen voran entwickelte sich das Interesse an den innerseelischen Mechanismen des Menschen, der Psychologie. In eine ähnliche Richtung weist das sich ausdehnende Interesse an Religion und Mythologie, an Okkultismus und Spiritismus, welches in einen Boom von Hypnose, Séancen und Geheimgesellschaften mündete.

PLUTO. Auf dem Außenposten unseres Sonnensystems finden wir nach den großen Planeten aus Gas und Staub einen Winzling aus Eis und Fels, den C. Tombaugh erst im Jahr 1930 entdeckte: *Pluto*. Historisch gesehen fällt die Entdeckung des bislang letzten Planeten in die Zeit um die Machtergreifung durch die Nationalsozialisten im Jahre 1933, was dem Planeten immer wieder Assoziationen von extremem Fanatismus der Massen, unerbitterlicher Verfolgung durch Ideologien und kollektiver Verführung zutrug. Die damit verbundenen Massenschicksale und der Ausbruch eines Krieges von noch nie dagewesenem Ausmaß führten zu der oft sehr negativen Einschätzung Plutos. Zwiespältig ist auch seine Beziehung zur Entdeckung der Kernspaltung (Plutonium) und ihren historischen Konsequenzen als auch zur Nutzung des Erdöls, welches sich in den dreißiger Jahren zum Schlüsselprodukt der Weltwirtschaft und der Rüstungsindustrie entwickelte. Bei allem, was Pluto berührt, scheint es um eine dramatische Verquickung der Themen »Masse und Macht« (CANETTI) zu gehen: um die Ohnmacht des einzelnen gegenüber den das Persönliche übersteigenden Kräften.

Übung:
Redensarten Planeten zuordnen
Versuchen Sie, folgende Redensarten den Planeten zuzuordnen. Lassen Sie Ihre Assoziationen von den soeben umrissenen Bildern leiten. Lösungsvorschläge finden Sie auf Seite 244.

1. Alles dreht sich nur um sie. Sonne ✓
2. Als er das hörte, sah er rot. Mars ✓
3. Da bekam sie ganz glänzende Augen ... Venus ✓
4. Dafür gehe ich über Leichen. Pluto/Mars ✓
5. Das mußt du verstehen: Irgendwo gibt es auch Grenzen! ~~Jupiter~~/Saturn ✓
6. Du siehst aus, als ob dir ein Geist begegnet wäre. Neptun ✓
7. Du wirkst etwas gereizt heute. ~~Merkur~~ Mars
8. Er strahlt über das ganze Gesicht. ~~Mond~~ Sonne
9. Gut Ding braucht Weile! Saturn ✓

120

10. Ich hab da etwas nahe am Wasser gebaut. *Mond* ✓
11. Immer mußt du aus der Reihe tanzen! *Uranus* ✓
12. Jetzt heißt es wohl, den Gürtel etwas enger schnallen! *Saturn*
13. Morgen siehst du alles wieder in einem ganz anderen Licht! ~~Sonne~~ *Mond*
14. Mußt du dich so breitmachen? *Jupiter* ✓
15. Nichts konnte sie aus der Ruhe bringen. ~~Saturn~~ *Jupiter*
16. Nur ruhig Blut! ~~Uranus/Pluto~~ *Mars*
17. Sie spricht schneller, als sie denken kann. *Merkur* ✓
18. Und ehe du dich's versiehst, ist er schon über alle Berge. *Merkur*

Die Planeten und ihre Götter

Die Namen der Planeten, so wie sie heute gebräuchlich sind, leiten sich von Gottheiten der römischen Mythologie ab, die ihren Ursprung wiederum im antiken Griechenland haben. Dort hatten zunächst nur Sonne, Mond und Venus einen eigenen Götternamen, während die restlichen Planeten nach ihrer Erscheinung am Himmel benannt wurden [8]: Saturn hieß der »Mattschimmernde«, Jupiter der »Weißleuchtende«, Mars der »Feurige« und Merkur der »Glitzernde«. Später kam die Idee auf, daß diese Gestirne gleichsam Sitz bestimmter Götter seien, so daß man die göttlichen Charaktere mit den Erscheinungsbildern der Planeten kurzschloß, was letztlich dazu führte, sie mit den Göttern selbst gleichzusetzen.

Da also offensichtlich bei der Taufe der Planeten der Blick an den Himmel Pate stand, haben wir die Möglichkeit, auch aus den zugeordneten Göttinnen und Göttern

Schlüsse auf ihre astrologische Bedeutung zu ziehen. Sonne und Mond fallen allerdings nicht nur astronomisch, sondern auch in diesem Zusammenhang etwas aus dem Rahmen.

Die beiden Lichter

Sonne und Mond besaßen von Anfang an den Status der Göttlichkeit – kein Wunder angesichts ihrer alles in den Schatten stellenden Erscheinung. Und so wurde das strahlende *Heilige Feuer* des Himmels zu *Helios* – römisch: Sol –, dem Sonnengott, während *Mene*, der Mond, zu seiner Schwester *Selene* – römisch: Luna – wurde.

Helios und Selene waren aufgrund ihrer Herkunft noch nicht einmal echte Mitglieder des olympischen Götterclans: Sie waren Kinder des Hyperion, einem der Titanen, den ewigen Widersachern des Olymp. So finden wir kaum kultische Verehrung dieser beiden Lichtgottheiten, zumal überliefert wird, daß die Griechen es für barbarisch hielten, Sonne und Mond unmittelbar anzubeten.

Dennoch verschmolzen nach und nach andere Gottheiten mit ihnen, je nachdem, welche Wertvorstellungen man noch mit diesen so wichtigen Himmelslichtern verbinden wollte.

HELIOS UND APOLLO. Die Charakterisierung des *Helios* ist nichts anderes als eine mythologische Umschreibung der Sonne und ihrer Eigenschaften selbst: Helios läßt sich von einem ihm heiligen Hahn wecken, besteigt in Begleitung seiner Schwester *Eos* – die »Morgenröte« – den von vier Pferden gezogenen Wagen und macht sich von seinem im Osten gelegenen

Palast auf die Reise über den Himmel zu seinem westlichen Palast auf der Insel der Seligen. In der Nacht segelt er wieder heim über den Ozean. Während andere von Helios strahlender Schönheit geblendet werden, kann er alles hören und sehen, was auf der Erde vor sich geht.

Später wurde auch *Apollo* als Sonne verehrt, ursprünglich zuständig für Musik und Kunst sowie für Mathematik und Medizin. Überhaupt gilt er als der Gott alles Schönen und Geistigen, der mit seinem Licht das Dunkle und Barbarische von der Erde vertreibt. Da auch Apollo alle irdischen Vorgänge sehen kann, verehrte man ihn als Hauptgott der Prophezeiung und heiligte ihm das berühmte Orakel von Delphi, über dessen Eingang die Inschrift »Erkenne dich selbst« zu lesen war.

SELENE. Ebenso wie Helios ist auch *Selene* eher eine Personifikation des Mondes als eine wirkliche Göttin. Nachts erhebt sie sich aus dem Ozean, in welchem sie ihren weiß schimmernden Leib gewaschen hat, um den Himmel auf einem von zwei Rossen gezogenen Wagen oder auch auf einem Stier reitend zu überqueren. In der Mythologie spielt sie eine eher zweitrangige Rolle. Verehrung genoß sie als Geburtshelferin und als Spenderin des für Zauberrituale so günstigen Lichts. Andere mit dem Mond verehrte Göttinnen sind die amazonenhafte *Artemis*, Herrin der Tiere und Schwester des Apollo, die mit Pfeil und Bogen bewaffnet die Wälder durchstreift und dem zunehmenden Mond entspricht, dann *Hera*, die Herrin des Himmels und Hüterin der ehelichen Ordnung – der Vollmond –, sowie die dunkle *Hekate*, die in der Finsternis der Nacht in einem Gespensterschwarm durch die Lüfte jagt und den abnehmenden und den dunklen Neumond versinnbildlicht. [9]

Die fünf klassischen Wandelsterne

Während nun die beiden Lichter von jeher göttlichen Rang besaßen, können wir die Belegung der fünf klassischen Planeten mit Gottheiten unmittelbar aus ihren anschaulichen Eigenheiten ableiten.

Gerechtigkeit / Austausch •

MERKUR. Kein anderer Gott der griechischen Mythologie könnte besser zu diesem so flink und unruhig dahin eilenden Planeten passen als *Hermes/Merkur,* der Götterbote. Die Dichter beschreiben ihn als einen hübschen, ewigen Jüngling mit schnellen und lebhaften Augen, der stets auf der Suche nach neuen Eindrücken ist und aus jeder Situation Nutzen zu schlagen versucht. Alles an ihm deutet auf sein behendes Wesen hin: Seine Schuhe und sein Hut sind geflügelt, ebenso sein Heroldstab, um den sich eine weibliche und eine männliche Schlange winden, deren Zwist er – kaum zur Welt gekommen und in Windeseile heranwachsend – schlichtete.

Als Botschafter der Götter ist er mit der Aufgabe betraut, zwischen ihrem Willen und dem Wirken der Menschen zu vermitteln. Überhaupt scheint sein Hauptanliegen darin zu bestehen, zwischen allem und jedem Verbindungen herzustellen, Wege der Kommunikation zu eröffnen, und zwar die »geraden ebenso wie die krummen« [10]. So erfindet er nicht nur die Sprache und verleiht den Worten Flügel, sondern gilt auch als begnadeter »Interpret der Wahrheit«, der es sich zum Sport gemacht hat, andere auszutricksen. Da es ihm prinzipiell gleichgültig ist, wie der Austausch von Gütern zustande kommt, beschützt er die Kaufleute wie die Diebe gleichermaßen, die sich erhoffen, durch seinen Beistand nicht erwischt zu werden.

♀ VENUS. Im strahlendsten aller Sterne verehrte man in der Antike die Göttin der Schönheit und der Liebe: *Aphrodite/Venus*. Aus dem Schaum des Meeres geboren, kleidet sie sich in einen purpurnen, mit Diamanten besetzten Mantel, trägt Myrte und Rosen in ihrem Haar und läßt sich auf ihrem Elfenbeinwagen von Schwänen, Tauben und Sperlingen ziehen – natürlich in Begleitung ihres Sohnes *Eros* oder Cupido, der vor ihr her fliegt, um seine Liebespfeile abzuschießen. Sie besitzt einen magischen Gürtel, der jeden, dessen Blick auf ihn fällt, sogleich mit unwiderstehlicher Begierde nach der Trägerin erfüllt. So sorgt sie durch ihr Auftreten für die wechselseitige Anziehung zwischen den Menschen und läßt sie sich einander in Liebe hingeben. Ihr Gemahl ist der lahme, aber äußerst kunstfertige Schmiedegott *Hephaistos*, so daß sich in diesem seltsamen Paar die natürliche zur künstlerischen Schönheit gesellt. Auch der ungestüme Kriegsgott Ares, der im Grunde gar nicht zu ihrem friedvollen Wesen passen will, hatte es ihr angetan, und so ließ sie sich wiederholt auf Affären mit ihm ein.

Aphrodite sollte sich um nichts anderes als die Liebe kümmern, und als *Athene*, die Göttin der Weisheit und der praktischen Künste, sie einmal dabei überraschte, wie sie sich heimlich an einem Webstuhl zu schaffen machte, geriet diese in Wut darüber, wie jene es wagen konnte, ihre ureigenen Rechte zu verletzen. Rasch bat Aphrodite um

125

Entschuldigung und machte seither einen riesigen Bogen um jede Form von Arbeit, um sich nur noch dem Schönen und Edlen zu widmen...

♂ **MARS.** Rot und unstet leuchtet der Planet am Himmel, der *Ares/Mars* zugeordnet wird. So launisch und stets zum Kampf bereit, ist es kein Wunder, daß die Überlieferung ihn als Einzelgänger darstellt, der von den meisten Göttern tunlichst gemieden wird – mit Ausnahme von Aphrodite, die sich wohl eher von seiner attraktiven wild-männlichen Körperlichkeit angezogen fühlte, als von seinem unberechenbaren Temperament.

In glänzender Rüstung und blinder Wut stürzt er sich in Begleitung seiner Söhne *Phobos* und *Deimos* – Furcht und Schrecken – in jedes Kampfgetümmel, gleichviel auf welcher Seite er seine Spur aus Blut und Zerstörung hinterläßt. Überhaupt verachtet er jeden, der sich an Gesetze hält, verschmäht Weisheit und Vernunft, tritt Gerechtigkeit mit den Füßen und schert sich nicht im mindesten darum, was andere von ihm halten mögen.

Während die Griechen Ares mit Unbehagen betrachteten, schätzte das kriegführende römische Imperium Mars so sehr, daß es ihn zum Staatsgott erhob – immerhin gilt er als Vater der Zwillinge *Romulus und Remus*, den Gründern von Rom, die von einer Wölfin, dem ihm geheiligten Tier, gesäugt wurden.

♃ **JUPITER.** Ein Planet, der in großzügigen und würdevollen Schritten den Himmel abmißt und zugleich zu den hellsten Erscheinungen am Fir-

126

mament gehört, kann nur im Obersten der Götter verehrt werden: *Zeus/Jupiter*, Vater der Götter und der Menschen. Mit seinem blitzeschleudernden Donnerkeil bändigt er seine oftmals aufsässige Familie auf dem Olymp. Vor ihm beugt sich der ganze Erdkreis: Wenn er lächelt, heitert sich der Himmel auf, wenn er mit den Augen zwinkert, bebt das Land.

Seine Allmacht kennt keine Grenzen, doch ist er stets bemüht, diese zum Wohle der Götter wie auch der Menschen einzusetzen. Von imposanter Statur trägt er als unverkennbares Kennzeichen seiner mildtätigen Güte und seiner weisen Gerechtigkeit als einziger der Götter einen langen Bart. Er bestimmt den Lauf der Gestirne, schafft Gesetze, die Sitte und Anstand unter die Menschen bringen sollen, und sorgt für deren Einhaltung. Unter seinen Schutz fallen die Gastfreundschaft ebenso wie die religiöse und kultische Verehrung. Ihm huldigte man bevorzugt auf Bergen, wo sich Himmel und Erde treffen und man wie Zeus auf seinem Thron weit über das Land in die Ferne blicken kann – gleich dem Adler in der Luft, seinem heiligen Tier.

Der mächtigste aller Götter ist natürlich auch der fruchtbarste – und tatsächlich: Seine maßlose Lust kennt keine Grenzen. Ob Frauen oder Männer, ob Gottheiten oder Sterbliche, wer seine Begierde weckt, entkommt seiner Verführung nicht.

♄ **SATURN.** Schleppenden Ganges begegnet uns *Kronos/Saturn* im letzten Planeten, den das bloße Auge ausmachen kann. Er gehört zu den alten Göttern und ist der Vater des Zeus. Dieser erhob sich gegen ihn in einem fürchterlichen Krieg. Nachdem Kronos seinem Sohn unterlag, wurde er von den olympischen Göttern auf eine Insel im entferntesten Westen verbannt – so wie sein Planet lange Zeit die letzte Station am Rande des Universums war.

In der Vorstellung der bildenden Kunst ist Kronos ein alter Mann mit einer Sichel und sein Wappentier eine Krähe. Sein Äußeres deutet auf das unerbittliche Nagen des »Zahns der Zeit« hin, deren Herrscher er ist: seine greisenhafte Erscheinung, sein haarloses Haupt, sein vom Alter gebeugter Rücken. Als ihm prophezeit wurde, er würde von seinen eigenen Kindern entmachtet werden, versuchte er diesem Schicksal zu entgehen, indem er sie alle verschlang – nur Zeus konnte gerettet werden. Damit verweist er auf die Erbarmungslosigkeit der Zeit, die alles, was sie hervorbringt, auch wieder zerstören wird. Im Gegensatz dazu steht die auf Einsicht und Milde beruhende Gerechtigkeit des Zeus: Er urteilt nach den Umständen des Einzelfalls und läßt oft genug Gnade vor Recht ergehen. Der Taktschlag des Kronos hingegen leistet einem höheren Gesetz Folge – nicht zuletzt verkörpert im berüchtigten Sensenmann, der uns über die Schwelle vom Leben zum Tode führt, wenn unsere Zeit gekommen ist.

Die drei Transsaturnier
Sobald wir die Grenze zum unsichtbaren Bereich hinter der Bahn des Saturn überschritten haben, benötigen wir nicht nur technische Hilfsmittel, um die drei in der Tiefe des Raumes verborgenen Planeten Uranus, Neptun und Pluto sehen zu können, sondern werden auch mit der Tatsache konfrontiert, daß sie ihre Namen nicht aus der alten,

unmittelbaren Anschauung her beziehen konnten. Bei den »modernen« Planeten ergaben sich die Bezeichnungen durch eine offizielle »Taufe« durch die Wissenschaft. Die Zuordnung zu Göttern der griechischen Mythenwelt erfolgte im Sinne der Tradition und war nicht mehr getragen von den religiösen Vorstellungen der Antike, sondern von persönlichen Vorlieben und Inspirationen einzelner Menschen.

Aus diesem Grund muß die Herleitung von Bedeutungsinhalten aus dem Namen dieser Planeten mit Vorsicht genossen werden, und tatsächlich erscheinen oftmals Zusammenhänge, die man hier festzustellen glaubt, bei näherem Hinsehen als etwas konstruiert und gar nicht mehr schlüssig.

URANUS. So wie Saturn der Vater des Jupiter, ist *Uranus* der Vater des Saturn, was bei seiner Taufe wohl den Ausschlag gab. Ursprünglich wurde er entgegen der Tradition – was weitaus besser zu seinem Prinzip gepaßt hätte – zunächst mit dem Namen seines Entdeckers bedacht: Herschel.[20] Eigentlich verkörpern sich in Uranos die Naturkräfte des Himmels, aus dem er es auf seine Gemahlin Gaia, die Erde, herabregnen läßt. Er spielt zwar in den ältesten Schöpfungsmythen eine Rolle, findet später aber kaum noch Erwähnung, so daß es ihm an ausgearbeiteten Charakterzügen fehlt. Beim Versuch, zwischen dem mythologischen und dem astrologischen Uranus eine Brücke zu schlagen, muß deshalb jedes noch so vage Detail unnötig aufgebläht werden.

Meiner Ansicht nach spiegeln andere Mythen den Inhalt, den wir gerne in Uranus finden würden, besser, so die

Gestalt des *Prometheus,* der gegen die göttliche Ordnung verstößt und den Menschen das Feuer wiederbringt: ein Frevel, für den ihn Zeus, der es ihnen genommen hatte, hart bestraft. Athene, die Göttin der Weisheit, schenkt Prometheus die Künste der Zivilisation, wie Architektur, Astronomie, Schiffahrt, Metallurgie und Medizin, die er wiederum den Menschen vermacht. Auch die Geschichte von *Ikaros* und seinem Vater *Daidalos* gehört in dieses Bild: Der Erfinder Daidalos hat zur Flucht von der Insel Kreta künstliche Flügel ersonnen, doch als er und sein Sohn sich in die Lüfte erheben, befolgt Ikaros seinen Rat nicht und schwingt sich zu hoch gegen die Sonne auf – seine Flügel aus Wachs schmelzen, und er stürzt ins Meer, wo er ertrinkt.

NEPTUN. Der Charakter des *Poseidon/Neptun,* des Bruders von Zeus, wird in den Geschichten um seine Gestalt erschöpfend ausgeführt. Allerdings stößt auch hier die Übertragung seiner typischen Merkmale auf den astrologischen Neptun auf Grenzen: Als rachsüchtiger und besitzergreifender Gott mit kriegerischen Ambitionen paßt er im Grunde nicht so recht in das Bild, das man von dem ihm zugehörigen Planeten erwarten würde.

Als Herrscher der grenzenlosen Meere gehört er in eine Reihe von Wesen, die sich in den undurchsichtigen Tiefen dieser formlosen Welt tummeln. Da gibt es zunächst *Okeanos,* den Sohn von Himmel und Erde, der als gewaltiger Strom den gesamten Erdenkreis umspült. Kinder des Meeres sind auch die *Nereiden,* sanfte und segenspendende Wasserwesen und Töchter des *Nereus,* einem geheimnisvollen alten Mann mit prophetischer Gabe. Dieser verbirgt sich auf dem Grunde des Meeres und kann sich durch seine Fähigkeit, die Gestalt nach Belieben zu ändern, dem Zugriff Fremder und Neugieriger entwinden. Ansonsten wird er als freundlich und arglos beschrieben.

Daneben lauern unheimliche Wesen aus der Urzeit im trüben Blau der Meere, wie die schreckliche, schlangenhafte *Echidne*, Mutter des furchterregenden *Typhon*, dem größten Ungeheuer, welches die Welt jemals erblickt hat, sowie der vielköpfigen Wasserschlange *Hydra* und des dreiköpfigen Höllenhundes *Kerberos*.

PLUTO. Während Zeus bei der Aufteilung des Reiches seines besiegten Vaters Kronos den Himmel und die Herrschaft über die Götter erhielt, wurde Poseidon das Meer und seinem zweiten Bruder *Hades/Pluto* die Unterwelt zugesprochen. Daß der letzte bekannte Planet diesen Namen zugewiesen bekam, mag vor allem mit dem Umstand zusammenhängen, daß er zunächst die Initialen P. L. erhielt, nach dem Percy-Lowell-Observatorium, an dem er entdeckt wurde.[21]

Vieles an der Gestalt des lichtscheuen Hades erinnert an den astrologischen Pluto, und die düsteren und feindseligen Züge dieses Totengottes trugen wesentlich zu seinem bis heute so unmenschlich und gnadenlos wirkenden Ruf bei. Unerbittlich, aber gerecht herrscht er über die Schatten der Verstorbenen, für die es ohne Ausnahme keine Rückkehr mehr geben kann. Die helle Welt der olympischen Götter interessiert ihn nicht, es kümmert ihn wenig, daß ihn die Menschen hassen und fürchten, und so schottet er sich in der Tiefe seines Reiches ab, vor den Blicken anderer geschützt durch die Kraft eines magischen Helmes, der ihm Unsichtbarkeit verleiht.

Der schrecklichste aller Götter ist zugleich auch der reichste, und Hades verfügt über all die unermeßlichen Schätze, die in der Erde verborgen sind, Erze und Edelsteine, was ihm den Beinamen »Pluton«, der Reiche, einbringt. Aber auch alles, was sich aus den Tiefen der Erde seinen Weg ans Licht der Welt bahnt, untersteht seiner Macht, wie die im dunklen Schoß keimende Pflanzenwelt. Aus diesen Gründen gesellten ihm die Künstler vielfach das Füllhorn bei, aus dem Früchte, Blumen und andere Kostbarkeiten der Erde unerschöpflich hervorquellen.

Übung:
Nordische Götter

Nicht nur die griechische Mythologie liefert Bilder und Charaktere, mit denen man sich die astrologischen Prinzipien veranschaulichen kann. Versuchen Sie in dieser Übung, den Gestalten aus der nordischen Götterwelt die entsprechenden Planeten zuzuordnen, indem Sie sich an den vorgestellten typischen Eigenschaften orientieren.[22] Lösungsvorschläge finden Sie auf Seite 245.

1. *Loki* ist eine der schillerndsten Gestalten der germanischen Mythologie, der sich mal als Freund der Götter gebärdet und ihnen mit seinem Einfallsreichtum aus mancher Verlegenheit hilft, öfters aber versucht, sie gegeneinander auszuspielen. Da er stets bereit ist, sich gegen die von den Göttern eingesetzten Gebote aufzulehnen, kommt ihm auch die entscheidende Rolle bei der Götterdämmerung, dem Zusammenbruch der Weltordnung, zu.

2. Die Göttin *Freyja*, »die Herrin«, ist die schöne und

mächtige Gebieterin über Liebe und Zärtlichkeit, ausgestattet mit kostbarem Schmuck und begehrt nicht nur von den Göttern, sondern auch von den Zwergen und Riesen.

3. »Er ist der Beste, und ihn loben alle; er ist schön anzusehen und so licht, daß Glanz von ihm ausgeht«, so preist die nordische Dichtung *Balder*. Er gilt als Inbegriff des Guten und als Feind jeden Unrechts, der Gott der Reinheit und der Schönheit. Sein Tod ist der Anfang vom Ende der Götter.

4. Unter der Erde residiert die schwarzhäutige Göttin *Hel* in ihrem dunklen Reich der Toten, verbarrikadiert hinter Zäunen und Gattern. Wer einmal durch das Tor eingetreten ist, gehört ihr endgültig und für immer. In dieser bedrohlichen Welt lebt auch ihre grauenvolle Verwandtschaft, vor allem der Fenriswolf, der in der Götterdämmerung die Sonne verschlingt.

5. Für Krieg und insbesondere für den Zweikampf ist *Tyr* zuständig. Mit seinem Schwert stürzt er sich höchstpersönlich in das Schlachtengetümmel, im Gegensatz zu Odin, der die Kriegsschauplätze nur von der Höhe aus lenkt. Mit Schwerttänzen ehrten die Germanen seinen ungewöhnlichen Mut.

6. *Odin* oder auch *Wotan* ist der höchste aller Götter, der Asen, und der oberste Schamane, der auf seinem Hochsitz die ganze Welt überblickt. Er erfüllt mehr als nur eine Funktion, er schuf Himmel, Erde und Menschen, lenkt das Kriegsgeschick und ist sowohl Gott der Weisheit als auch der Dichtkunst. Oftmals sucht er mit Schlapphut und Mantel die Welt der Menschen auf, um das Weltgeschehen zu ordnen, und kehrt bei ihnen ein, um ihre Gastfreundschaft zu prüfen.

133

7. Den *drei Nornen* sind alle Götter unterstellt: Sie bestimmen deren Geschick genauso wie das der Menschen. Bei der Geburt stehen die drei Schicksalsschwestern an der Wiege und fällen ihren Spruch. Sie kennen Vergangenheit, Gegenwart und Zukunft.

8. Die *Vanen* sind ein altes geheimnisvolles Göttergeschlecht, das in den Tiefen des Meeres lebt und im Gegensatz zu den Asen friedliebend und sanftmütig ist. Sie verfügen über eine besondere Kunst, *Seid* genannt, ein schamanistisches Verfahren, welches unter dem Einfluß von Zauberkräutern in Trance versetzt und einen in die Zukunft blicken läßt, aber auch Krankheit und Tod verursachen kann.

9. Jeder Baum, jeder Grashalm und jeder Stein kann Wohnstätte einer Unzahl von fruchtbarkeitsspendenden Naturgeistern sein, den Elben oder *Elfen*, die mit Vorliebe bei Mondschein musizieren und tanzen, sich unsichtbar machen können und als Nixen Menschen ins Wasser locken. Obwohl sie im Grunde weder gut noch böse sind, sollte man sich ihnen nur mit Vorsicht nähern, denn sie sind äußerst launisch und zudem rachsüchtig.

10. Als der lichte Gott Balder durch die Tücke des Loki ermordet wurde, kam er in das Totenreich der unerbittlichen Hel. Die Asen waren bestürzt und entsandten *Hermod*, seinen Bruder, um mit Hel um dessen Freilassung zu verhandeln. Tatsächlich gelang es ihm die Totengöttin auf einen Kompromiß einzuschwören. Loki wiederum gelang es, auch diesen zu vereiteln ...

Die Planeten im Horoskop

Nun ist es Zeit, aus all den Materialien praktikable Deutungen herauszufiltern. Am besten lösen wir uns jetzt von der beschreibenden Ebene und versuchen eine abstraktere Gesamtschau zu entwickeln, eine Art Synthese.

Ziehen Sie jetzt Ihre Notizen zu Rate, die Sie sich zu den Mythen gemacht haben, und übertragen Sie die wichtigsten Stichwörter in eine Tabelle ein wie die nachstehende:

Planet	Aus der Anschauung abgeleitet...	Aus dem Mythos abgeleitet...
☉	LEBENSTHEMA	HELIOS + APOLLO
☽	WAHRNEHME- UND EMPFANGSBEREITSCHAFT/GEFÜHL - SCHAFT/GEFÜHL	SELENE „ERKENNE DICH SELBST" - WECHSELHAFT
Merkur ☿	UNRUHIG/HEKTISCH MOND DER SONNE SPRACHE/INTERPRET	HERMES - GÖTTERBOTE DER WAHRHEIT
Venus ♀	GLANZVOLL - STRAHLEND LIEBESGÖTTIN	APHRODITE
Mars ♂	ROT/UNSTET KAMPF/KRIEG AGGRESSION	ARES
Jupiter ♃	ALLMACHT - IMPOSANT gütig, gerecht	ZEUS

Gastfreundschaft, religiöse u. kultische Verehrung, Verb. Himmel - Erde

Planet	Aus der Anschauung abgeleitet...	Aus dem Mythos abgeleitet...
Saturn ♄	Erbarmungslosigkeit d. Zeit, Gerechtigkeit Grade der Recht	Kronos Vater des Zeus
Uranus ⛢	Naturkräfte d. Himmels Stürzen v. Ordnungen	Vater von Saturn Prometheus
Neptun ♆	Unbewusstes	Poseidon
Pluto ♇	Innerer Reichtum / Energie	Hades

Ausgerüstet mit dieser Übersicht, sind sie bestens vorbereitet für unseren nächsten Schritt: der Ableitung praktischer Bedeutungen für die Planeten.

Die Sonne im Horoskop: »Ich setze frei.«

So wie es ihr Symbol (der Punkt im Kreis) ausdrückt, bildet die Sonne das Zentrum meiner Persönlichkeit. Sie ist der Kern, mit dem ich mich identifiziere, das Thema, um das mein Leben zu kreisen scheint.

Die Sonne steht für die Fähigkeit, meiner Persönlichkeit Ausdruck zu verleihen, sie sichtbar und spürbar zu machen. Sie verleiht mir eine bestimmte Ausstrahlung und meinen Handlungen eine typische Färbung. Dadurch gibt sie mir das Gefühl, etwas Einzigartiges zu sein. Ihre Stellung zeigt an, wie sich mein Potential am besten entfalten kann.

Die Kraft, einem eigenen Rhythmus im Leben zu folgen und mich selbst zu verwirklichen, wird durch ihre Position bestimmbar. Eng damit ist die Frage verbunden, wie weit ich mir meiner selbst bewußt bin, wie gut ich mich selbst (er)kenne. Deshalb ist die Sonne der Schlüssel zu meiner Fähigkeit, Bewußtsein zu entwickeln, d. h. aus einem fremdbestimmten, mechanischen Leben ein selbstbewußtes und freies zu gestalten.

Schlagwörter zur Sonne:
Persönlichkeit, Individualität, Ich, Handlung, Lebenskraft, Schaffenskraft, Bewußtsein, Selbsterkenntnis.

Der Mond im Horoskop: »Ich nehme auf.«

Das Zeichen des Mondes ist wie eine Schale, ein Gefäß, in dem er das Licht der Sonne auffängt. Er steht deshalb für die Art und Weise, wie ich das, was um mich herum geschieht, aufnehme, welche Eindrücke ich empfange. Der Mond reflektiert nicht alles Licht zurück, und so bildet er stets nur einen Ausschnitt der Wirklichkeit ab, sowie auch ich die Welt stets in ein ganz bestimmtes Licht getaucht sehe, das meiner persönlichen und subjektiven Wahrnehmung entspricht.
Über den Mond bin ich untrennbar mit all meinen Stimmungen und Gefühlsschwankungen an die Welt geknüpft. Er verkörpert den unverwechselbaren emotionalen Zustand, mit dem ich mich, ohne daß es mir bewußt wäre, in meiner Wirklichkeit bewege, er entspricht meiner allgemeinen Art, »zwischen den Dingen zu sein«. [11]
Wie der Mond aber auch die zeitlichen Abläufe in sich verläßlich wiederholende Abschnitte teilt und so als Maßstab

137

und Grundlage für Zeitmessung dient, ist diese emotionale Einstellung zur Welt das Fundament meiner Identität. Während der Mond sagt, »was für ein Ort diese Welt für mich ist« [12], zeigt mir die Sonne, wie ich das, was ich an diesem Ort bewirken will, in die Tat umsetze.

Schlagwörter zum Mond:
Eindrucksaufnahme, Wahrnehmung, Fühlen, Empfinden, Identität, Unterbewußtsein.

Merkur im Horoskop: »Ich vermittle.«
Im Horoskop repräsentiert Merkur meine Fähigkeit zu Kommunikation und Austausch. Dabei stellt er in erster Linie die intellektuellen Voraussetzungen zur Verfügung, um mit meiner Umwelt in Kontakt zu treten: Die Inhalte des Austausches sind ihm dabei egal, er ist nur für das Bereitstellen der Informationswege zuständig.

Merkur gibt die Eindrücke (Mond), die ich über meine Wahrnehmung empfange, weiter und verwandelt sie in verwertbare Informationen. Schneller, als es unser Bewußtsein erfassen kann, stellt er Vergleiche an, bewertet, siebt aus, konzentriert, paßt an und organisiert, was auch immer aus der Welt »da draußen« auf mich einströmt. Zu einer fertigen Strategie verpackt übermittelt er die aufbereiteten Informationen schließlich an das Zentrum meiner Aktivität (Sonne), die daraus eine der Situation entsprechende Handlung folgen läßt.

Wie ich mit Eindrücken umgehe und wie flexibel ich dabei sein kann, beschreibt Merkur im Horoskop. In diesem Sinne ist er für meine Lernfähigkeit zuständig und dafür,

138

wie rasch ich mich z. B. an sich verändernde Umweltbindungen anpassen kann.

Schlagwörter zu Merkur:
Kommunikation, Austausch, Intellekt, Verarbeitung der Eindrücke, Lernen, Anpassung.

Venus im Horoskop: »Ich gebe mich hin.«
So wie sie die Menschen mit ihrem hellen Glanz faszinierte, vertritt Venus im Horoskop das, von dem ich mich angezogen fühle. Ihre Stellung im Horoskop verrät, welche Menschen, Dinge und Ideen mich interessieren, wohin ich meinen Blick unvermittelt lenke, was mich reizt.

Was meine Venus begehrenswert findet, bezeichnet allerdings immer auch einen eigenen Mangel, ich sehne mich nach dem, was mir fehlt. Ich suche im Sinne einer Ergänzung und eines Ausgleichs, wovon ich mir Erfüllung und Harmonie verspreche.

Wenn es um Menschen geht, zeigt sie also nicht nur die Art und Weise, wie ich Beziehungen zu anderen aufbaue, sondern auch, welchen Typ Mensch ich dabei bevorzuge. Dies gilt natürlich für freundschaftliche Begegnungen genauso wie für erotische.

Geht es um Materielles, verweist sie auf meinen persönlichen Geschmack, alles was mir schön und wertvoll erscheint. Dabei spielt für sie die geistige Dimension, mein ästhetisches Empfinden, eine ebenso große Rolle wie die reine Sinnlichkeit, also meine Fähigkeit, mich genußvoll einer Sache hinzugeben.

Schlagwörter zur Venus:
Interesse, Anziehung, Beziehung, Ergänzung, Harmonie, Ästhetik, Sinnlichkeit, Genuß.

Mars im Horoskop: »Ich setze mich durch.«

♂ So unbeherrscht und unkultiviert wie Mars, der sich ohne Zaudern das nimmt, was er gerade braucht, sind auch jene Kräfte in mir, die er im Horoskop verkörpert. Hier steht er für die Durchsetzung meiner Interessen (Venus), und zwar ungeachtet jeglicher Einwände seitens der Vernunft oder des Anstandes.

Mars gibt mir Auskunft darüber, was ich als meine ureigensten Bedürfnisse empfinde und auf welche sehr instinkthafte und daher unkontrollierte Weise ich auf die Welt zugehe, um jene einzulösen. Er ist der Schlüssel zu meiner Aggressivität, von lat. *aggredi*, »auf etwas zugehen«.

Seine Stellung im Horoskop zeigt mir, wo ich die Welt als Herausforderung erlebe und auf welche Mittel ich zurückgreifen kann, um ihr aktiv und effizient entgegenzutreten. Mars ist ein Einzelkämpfer, und so gesehen steht er dafür, inwieweit ich mich auf mich selbst verlassen kann und wieviel Mut ich aufbringe, mein Leben selbst in die Hand zu nehmen – auch entgegen den Erwartungen und dem Druck der Umwelt.

Schlagwörter zu Mars:
Aggression, Verteidigung, Herausforderung, Aktivität, Tatkraft, Mut, Selbstvertrauen.

Jupiter im Horoskop: »Ich entfalte mich.«

Jupiter vertritt im Horoskop meinen Wunsch nach Größe und Großzügigkeit, er zeigt mit seiner Stellung, wo ich mehr aus mir machen möchte und auf die bereitwillige Unterstützung der Umwelt baue – so wie Jupiter im Mythos als eine den Menschen wohlgesonnene und mildtätige Gestalt auftritt.

Aus der Perspektive Jupiters ist die Gesellschaft vor allen Dingen dazu da, sich persönlich in ihr zu entfalten. Er zeigt deshalb, wie und wo ich die bestehende Ordnung als eine mich fördernde Kraft erlebe und wie ich mit empfangenen »Wohltaten« umgehe.

Jupiter sucht nicht danach, was mich von anderen trennt, sondern was mich mit ihnen verbindet. Damit symbolisiert er meine Fähigkeit, über meinen Horizont hinauszusehen und mich mit Menschen und Ideen außerhalb meiner Persönlichkeit auseinanderzusetzen. Dort, wo er im Horoskop steht, verleiht er mir deshalb Toleranz und Einsicht. Aber er vermittelt mir auch ein Bild von dem, was den begrenzten Augenblick des Hier und Jetzt überschreitet: von meiner Zukunft und den Möglichkeiten meines Lebenssinnes.

Schon der Mythos deutet es an: Die Gefahr bei Jupiter liegt in einem Zuviel. Der Wunsch nach Wachstum kann sich in Maßlosigkeit und Gier verkehren und in eine gravierende Selbstüberschätzung münden, wenn ich mir weit mehr herausnehme, als mir zusteht.

Schlagwörter zu Jupiter:

Großzügigkeit, Toleranz, Einsicht, Förderung, Zukunft, Vergrößerung, Erweiterung, Maßlosigkeit.

Saturn im Horoskop: »Ich beschränke mich.«

♄ Saturn, der die Grenze zwischen dem sichtbaren und dem unsichtbaren Teil des Planetensystems hütet, ist das letzte Prinzip im Horoskop, dessen Wirkungen für mich im Leben offensichtlich sind. Jenseits von Saturn beginnt ein Raum, der sich meinen bewußten Bestrebungen entzieht. So gesehen verkörpert Saturn das Ziel meines Lebensweges, meine Berufung, überhaupt den Platz, den ich in der Gesellschaft einnehmen möchte.

Um dieses Ziel zu erreichen, zeigt er mir im Horoskop, wo ich Dinge von Beständigkeit und Dauer im Leben zu errichten vermag, wie gut und wie konsequent ich längerfristige Entwicklungen auf meiner Lebensreise einkalkulieren kann. Wo sich Saturn im Horoskop befindet, bin ich in der Lage, auf Überflüssiges zu verzichten, um zielstrebig meine Vorsätze zu erfüllen. Deswegen mag ich hier manchmal etwas zu kalkuliert und streng, vielleicht sogar unnahbar und lieblos erscheinen.

Vor Saturn sind alle Menschen ohne Ausnahme gleich. Er vertritt deshalb eine Form der Gerechtigkeit, die auf Normen und Gesetzen beruht und keine persönliche Interpretation zuläßt (Jupiter). Deshalb steht er auch für meinen Umgang mit den Ansprüchen und Forderungen, wie sie die Gesellschaft zugunsten des Wohls aller über mich verhängt hat. Als Kehrseite zeigt er mir natürlich auch, in welchen Bereichen ich mich in meiner individuellen Freiheit beschnitten fühle.

Schlagwörter zu Saturn:
Grenze, Berufung, Ziel, Beständigkeit, Konzentration, Recht und Ordnung, Gesetz, Strenge.

Uranus im Horoskop: »Ich bin anders.«

Uranus ist das erste Prinzip im Horoskop, welches sich meinen bewußten Bestrebungen im Leben tendenziell entzieht. Hier treffe ich auf eine Kraft, die meinem Leben immer wieder eine neue Richtung gibt, ob ich dies will oder nicht. Im positiven Sinne hilft Uranus mir deshalb, ausgetretene Pfade zu verlassen und neue Ufer aufzusuchen – wenn ich mich seinem Impuls zur Veränderung verschließe, zwingt er mich dazu.

Lebensbereiche, in denen ich ein starkes Bedürfnis nach Erneuerung und Freiheit empfinde, werden durch die Stellung des Uranus gekennzeichnet. Hier will ich die Schranken der Gesellschaft am wenigsten hinnehmen. Wo er steht, bin ich in der Lage, mit meinen persönlichen Einsichten zu einer Verbesserung der Gesellschaft beizutragen und ihre bestehende Struktur zu hinterfragen.

Sein Symbol ist die Sonne, doch erhält sie mit dem Pfeil einen Impuls von ihrer Mitte weg, aus dem Zentrum hinaus: Uranus verkörpert daher den Drang, meine Persönlichkeit (Sonne) in den gesellschaftlichen Prozeß einzubringen, und zwar im Sinne meiner Individualität und meiner besonderen Talente – dies mag mich eben auch von der Norm abweichen und mich als *exzentrisch*, »aus dem Zentrum«, erscheinen lassen.

Schlagwörter zu Uranus:
Reform, Erneuerung, Befreiung, Widerspruch, Erfindungsgeist, Originalität.

Neptun im Horoskop: »Ich bin alles.«

Im Horoskop finde ich Neptun an der Stelle, wo ich besonders sensibel und fast ungeschützt gegenüber Kräften bin, die von außen auf mich einströmen, z. B. Einflüsse des Zeitgeistes, Trends, gesellschaftspolitische Tendenzen. Hier habe ich gewissermaßen einen »sechsten Sinn« für alles, was um mich herum los ist. Dabei »spüre« ich die Dinge eher, als daß ich sie beim Namen nennen könnte.

Neptun schärft mein Empfinden für Probleme, die sich weit außerhalb meines Gesichtskreises abspielen und zu denen ich zunächst keinen persönlichen Bezug habe. Er löst die Grenzen meines Ichs zur Umgebung auf: Hier fühle ich mich von allem unmittelbar betroffen, ich fühle quasi alles mit.

Andererseits kann ich mich dort, wo Neptun steht, auf persönlicher Ebene am unangreifbarsten machen, meine Bedürfnisse und Interessen verbergen und tarnen, um einer Konfrontation aus dem Wege zu gehen. Hier tendiere ich dazu, andere zu täuschen und deren Täuschungsmanövern zu unterliegen oder laufe sogar Gefahr, mich selbst zu täuschen.

Schlagwörter zu Neptun:
Sensibilität, Betroffenheit, Auflösung, Grenzenlosigkeit, Hintergründigkeit, Unangreifbarkeit, Täuschung.

Pluto im Horoskop: »Ich bin nichts.«

Dort, wo im Horoskop Pluto steht, wirken schablonenhafte Prinzipien in mir, denen ich mich bedingungslos unterwerfe und für die ich meine Persönlichkeit opfern würde. Was diesem zur Selbstaufgabe zwingenden Ideal nicht entspricht, wird das Recht zur Existenz abgesprochen. Solche überpersönlichen Maßstäbe erwachsen oft aus der Macht, die eine Gemeinschaft, in die ich eingebettet bin, auf mich ausübt.

Pluto trennt das Licht und den Schatten, und so kennt er nur schwarz und weiß. Um die Eindeutigkeit seines Standpunktes nicht zu gefährden, lehnt er jeglichen Kontakt zur Umwelt radikal ab. Er zeigt mir, wo ich Themen tabuisiere und dogmatisiere und auf keinen Fall hinterfragt werden möchte.

Seine Stellung zeigt mir die Bereiche meines Lebens, in denen ich schwer loslassen kann. Er verweist auf meinen Drang nach Perfektion, der an der Vielfalt des Lebendigen vorbeigehen und in blinden Eifer münden kann. Genausogut aber bringt er mich dazu, mich einer Sache zu verschreiben, und sie, koste es, was es wolle, mit Leidenschaft durchzuziehen. Das Symbol des Pluto, wie es hier dargestellt ist, zeigt die Sichel des Mondes in einen Kreis eingeschlossen: Die subjektive Wahrnehmung ist abgekapselt von der Wirklichkeit und kann keine sie verändernden Eindrücke mehr aufnehmen.

So wie Pluto die Kraft des Atoms und des Erdöls verkörpert, gibt es auch in mir tief wurzelnde Quellen, die ungeheure Mengen von Energie freisetzen können. In Ausnahmesituationen lassen sie mich über mich selbst hinauswachsen – sind jedoch schwer zu kontrollieren: Einmal entfesselt, ist es kaum möglich, sie zu stoppen, bevor nicht das (bittere) Ende in Sicht ist ...

Schlagwörter zu Pluto:
Opfer, Macht, Ideal, Dogma, Tabu, Fanatismus, Prinzipien, Radikalität, Leidenschaft.

Persönliche Planeten – transpersonale Planeten

Die Planeten sind durchwegs aktive Prinzipien, sie verkörpern bestimmte Formen der Dynamik im Umgang mit der Wirklichkeit – im Gegensatz zu den Tierkreiszeichen und Häusern, die eher Zuständen und Situationen gleichen.
Eine sehr wichtige Unterteilung der Planetenfamilie kennen Sie ja schon: in die alte klassische Siebenheit und die drei modernen oder teleskopischen Planeten. Betrachten Sie dazu auf ✎ Tafel V.3., die die wesentlichen astronomischen Eigenschaften der Planeten zusammenfaßt, die einzelnen Umlaufzeiten. Sie werden feststellen, daß die klassischen »Sieben« innerhalb eines durchschnittlichen Menschenlebens mehrmals ihren Lauf um die Sonne vollendet haben werden, während Uranus, Neptun und Pluto derart langsam sind, daß ihr Umlauf die Spanne eines individuellen Lebens teils erheblich überschreitet – höchstens die fast genau 84 Jahre des Uranus liegen im Bereich des Möglichen. [13] Daraus läßt sich folgern, daß die Dynamik der Planeten bis Saturn Themen berührt, auf die meine Persönlichkeit Zugriff hat und die mir im Laufe meines Lebens durchaus wiederholt die Chance bieten, mich aktiv mit ihnen auseinanderzusetzen. Die drei transsaturni-

146

schen Planeten dagegen betreffen Bereiche, die über meine Persönlichkeit hinausgehen, sie sind *transpersonal*. Im Normalfall vermitteln sie sogar das Gefühl, ihnen ausgeliefert zu sein, und zeigen sich in der Interpretation deshalb eher von ihrer problematischen Seite, erscheinen eher als Boten des Zufalls oder sogar des Schicksals. Da sie während eines menschlichen Lebens nicht zu begreifen sind, werden sie auch als *Generationsplaneten* bezeichnet: Sie geben Aufschluß über die soziokulturellen Umstände, in die ich hineingeboren wurde.

Übung:

Planeten und Tierkreiszeichen

Dies ist mehr als nur eine Fingerübung. Ihre Durchführung macht uns mit einem äußerst wichtigen Instrument der astrologischen Deutungspraxis vertraut: der Zuordnung von Planeten und Tierkreiszeichen.

Sicherlich ist Ihnen bereits aufgefallen, daß die Eigenschaften der Planeten denen bestimmter Tierkreiszeichen ähneln, ihnen sogar gleichzusetzen sind. Dieser Gedanke bewegte schon die alten Astrologen und so entwarfen sie die Vorstellung, daß jeder Planet gewissermaßen in einem Zeichen beheimatet sei, sich dort aufgrund der inhaltlichen Verwandtschaft besonders wohl fühle.

Die Aufgabenstellung sieht also wie folgt aus: Finden Sie die Tierkreis-»Heimat« für jeden Planeten heraus! Ein Problem gibt es aber dabei: Wir haben *zehn* Planeten und *zwölf* Tierkreiszeichen. Die Antwort: Zwei Planeten haben nicht nur ein Zuhause, sondern zwei.

Die Lösungen, die diesmal weniger Vorschlag als traditionelles Gedankengut sind, finden Sie auf Seite 246.

Zeichen	Planet	Zeichen	Planet
♈	Mars Durchsetzungskr.	♎	Venus Schönheitbalan...
♉	Venus .. was mir wert ist	♏	Pluto strenge
♊	Merkur Beweglichkeit	♐	Jupiter Weitblick-Toleranz
♋	Mond Gefühlswelt	♑	Saturn Grenzen-Geste
♌	Sonne Persönlichk. nach außen	♒	Uranus Umbruch-Individuali...
♍	Merkur vermittelnd	♓	Neptun Grenzen auflösen, hinter die Dinge blicken

Tierkreiszeichen, Häuser und Planeten
Eigentlich sind Sie jetzt im Besitz aller notwendigen Bausteine der Astrologie, um sich an die Interpretation heranzuwagen: Sie kennen die Tierkreiszeichen, die Häuser und die Planeten. Bevor Sie jedoch starten, sie im Gefüge eines Horoskops miteinander zu verknüpfen, möchte ich noch einmal die Unterschiede herausarbeiten. Denken Sie sich das Horoskop als ein Theaterstück und sich selbst als Regisseur einer Inszenierung. Natürlich müssen Sie sich an bestimmte Vorgaben halten, die Ihnen der Autor des Stückes macht, damit der Inhalt seines Stückes dem Publikum erhalten bleibt.
Dieses Theaterstück hat zehn Rollen zu verteilen, die mit sehr charakteristischen Zügen ausgestattet sind: die *Pla-*

148

neten. Da gibt es eine Hauptrolle (Sonne), vielleicht ein Liebespaar (Venus) und den ewigen Querulanten (Uranus). Einer von ihnen ist möglicherweise damit beschäftigt, die anderen permanent zu maßregeln (Saturn), ein anderer verkörpert einen ungestümen Heißsporn, der sich um nichts als um sich selbst kümmert (Mars). Der Charakter der Figuren kann sich auf der Bühne nur in Handlungen der Darsteller äußern: Wir erkennen die Bedeutung der Rollen und ihre Beziehungen zueinander nur daran, wie sie sich verhalten, für sich genommen oder gegenüber anderen.

Die Situationen und Orte der Handlung, die Szenen, entsprechen den *Häusern* im Horoskop. Hier wird festgeschrieben, wer sich wo begegnet: auf einer Party (dritter Quadrant), im Büro (vierter Quadrant), bei sich zu Hause (zweiter Quadrant) oder gar ganz allein mit sich selbst im Monolog (erster Quadrant). Im Vergleich zu den Figuren eines Stückes ist das Szenario eher statisch, entwickelt keine eigene Dynamik. Dennoch bestimmt es den Rahmen der Handlungen, verleiht ihnen eine bestimmte Richtung, so wie man sich im Büro eben anders verhält als auf einer Party oder für sich allein.

Die *Tierkreiszeichen* erzeugen die Atmosphäre des Stückes, indem sie Hinweise für die Kulissen der Szenen liefern. Sie bestimmen, ob es auf der Bühne stürmisch (Widder) zugehen soll oder ob es sich um einen angenehmen Ort der Begegnung (Waage) handelt, ob alles von nüchternem und sachlichem Gepräge (Steinbock) ist oder prunkvoll und luxuriös eingerichtet (Löwe). Wichtig ist, daß es nicht ausschließlich auf die Dekoration ankommt, sondern auf die Stimmung, in welche die Szenerie durch die Kulissen getaucht werden soll, je nachdem, um welchen Ort es sich handelt. So mag man das Stürmische eines Widders in einer Büroszene anders darstellen als in freier Natur.

Dieser Vergleich zeigt, daß Planeten *Aktionsformen* darstellen, die mit bestimmten Verhaltensweisen korrespondieren. Die *Häuser* dagegen bilden einen thematischen Rahmen für die Planeten, geben die Umstände wieder, unter denen die Planeten ihre Verhaltensweisen zum Ausdruck bringen. Die *Tierkreiszeichen* wiederum verleihen diesen Rahmenbedingungen einen bestimmten Anstrich. Wie die Häuser sind sie nicht aktiv am Geschehen beteiligt, sondern erzeugen Zustände in den Situationen, mit denen die Akteure umzugehen haben.

Praktisch heißt dies: Die Tierkreiszeichen an den Häuserspitzen sorgen für eine spezifische Atmosphäre in der durch das Haus dargestellten Situation. Die Planeten in den Häusern zeigen, daß dort ein Potential an ganz bestimmten Aktionen vorhanden ist, das eingesetzt werden kann.

Mit den Tierkreiszeichen an den Häuserspitzen haben wir uns bereits beschäftigt. Jetzt verbinden wir die Planeten mit den Häusern. Zuvor jedoch noch ein paar Worte zu der Frage:

Was ist wichtiger: Zeichen oder Häuser?
Überlegen Sie folgendes: Ziel der Horoskopinterpretation ist es, möglichst individuelle Aussagen über einen Menschen zu treffen. Dies führt zu der grundsätzlichen Bedingung, daß an erster Stelle des Deutungsvorgangs diejenigen Faktoren zu stehen haben, die diesem Anspruch genügen. Auch wenn es sich hierbei um ein Ideal handelt, das sich in der Realität nur schwer einlösen läßt, gibt es doch eine

Annäherung an diese Bedingung, indem ich beispielsweise diejenigen Elemente vorerst ausklammere, die sich auf große Menschengruppen erstrecken und denjenigen Vorrang gewähre, die nur für wenige Menschen zur gleichen Zeit gelten.

Es sei nicht bestritten, daß die Position der Planeten im Tierkreis eine Bedeutung besitzt, doch muß man ergänzen, daß diese Position für alle Menschen auf der Welt zur gleichen Zeit gültig ist. Beispielsweise gibt es kaum jemanden mehr hierzulande, der nicht sein sogenanntes »Sternzeichen« wüßte – gemeint ist damit nichts anderes als die Stellung der Sonne zum Zeitpunkt der Geburt im Tierkreis: Wenn Sie also »Steinbock« sind, bedeutet dies im Grunde nur, daß die Sonne im entsprechenden Tierkreisabschnitt stand. Nun benötigt die Sonne für das Passieren dieses Abschnittes etwa 30 Tage. Das aber heißt, daß während dieser Zeitspanne überall auf der Welt lauter »Steinböcke« geboren wurden! Wie wenig individuell dies letztlich ist, dürfte ersichtlich sein. Wenn Sie sich auf ☛ Tafel V.3. die Verweildauer der einzelnen Planeten in einem Zeichen ansehen, werden Sie feststellen, daß die Position eines Planeten im Tierkreis als solches nur geringe individuelle Aussagekraft hat – je langsamer der Planet, um so weniger.

Der Häuserkreis dagegen wandert sehr schnell durch den Tierkreis, er benötigt für eine komplette Drehung einen Tag. Anders ausgedrückt: der Aszendent benötigt für das Durchlaufen eines Tierkreiszeichen ungefähr zwei Stunden,[23] ebenso alle anderen Häuserspitzen. [14] Dies aber bedeutet, daß ein Planet in einem Haus auch nur eine Aufenthaltsdauer von etwa zwei Stunden hat. Im Vergleich zum schnellsten Himmelskörper, dem Mond, der immerhin noch zwei bis drei Tage für ein Zeichen benötigt, ist das ungleich schneller und damit individueller.

Der Häuserkreis hat noch einen Vorzug: Er ist an den Ort gebunden, für den das Horoskop erstellt wird. Dies aber heißt im Klartext: Horoskope, die zur selben Zeit, aber an verschiedenen Orten berechnet werden, haben andere Häuserkonstellationen – die Stellung der Planeten in den Zeichen gilt jedoch für die ganze Welt.

Diesen Überlegungen folgend können Sie wie ich zu dem Schluß kommen, daß die entscheidendere Komponente bei der Interpretation der Planeten ihre Position in den Häusern ist und nicht in den Tierkreiszeichen.[24]

Ich möchte in der folgenden Übung diesem Gedanken Rechnung tragen.

Beispielhoroskop Teil 2

Übung:
Planeten in den Häusern ergänzen

An dieser Stelle kehren wir zu unserem Beispielhoroskop zurück, welches wir jetzt um die Stellung der Planeten in den Häusern ergänzen. Ihre Aufgabe besteht darin, sich die Planetenprinzipien in bestimmten Situationen vorzustellen, welche den Themen der Häuser entsprechen. Dabei möchte ich Ihnen freie Hand lassen, welche Entsprechungen Sie sich dazu auswählen. Dann setzen Sie den Planeten in diese Situation hinein und beobachten, wie er gemäß seiner Charakteristik reagieren würde.

Sie könnten beispielsweise so vorgehen wie in den folgenden, willkürlich ausgewählten Beispielen:

Mars in Haus 7 :

1. Haus 7 : Was könnte dies für eine Situation sein? Welche Kriterien müßte sie erfüllen? *Haus 7 steht für Begegnung. Man könnte sich also ein Rendezvous vorstellen.*

2. Mars: Welche typischen Verhaltensmerkmale weist Mars auf? Wie wirken sich diese auf die Situation aus? *Mars ist eher ein Typ, der seine Wünsche auch gegen den Widerstand des anderen durchsetzen möchte, in einem Rendezvous würde er wahrscheinlich recht selbstsicher auf seine »Beute« zugehen, um sie zu erobern...*

Neptun in Haus 11

1. Haus 11 : Was könnte dies für eine Situation sein? Welche Kriterien müßte sie erfüllen?

Haus 11 : *Jemand gerät in eine Situation, in der er unter allen anderen auffällt und seine Persönlichkeit im Vordergrund steht, vielleicht sogar damit aneckt. Stellen Sie sich vor, Sie haben einen Fehler am Arbeitsplatz gemacht und jetzt kommt es zur Aussprache mit dem Chef vor versammelter Mannschaft.*

2. Neptun: Welche typischen Verhaltensmerkmale weist Neptun auf? Wie wirken sich diese auf die Situation aus? *Neptun liegt nichts daran aufzufallen, da für ihn Unterschiede keinen Sinn machen. Also dürfte er sich in einer solchen Situation nicht recht wohl fühlen. Eine typische Neptun-Strategie wäre es, sich »in Luft aufzulösen«, sich unsichtbar zu machen...*

Saturn in Haus 6

1. Haus 6 : Was könnte dies für eine Situation sein? Welche Kriterien müßte sie erfüllen?

Haus ⑥: *Jemand muß einem anderen Menschen seine Gefühle vermitteln, z.B. haben Sie sich über einen Bekannten geärgert und möchten ihm dies mitteilen.*

2. Saturn: Welche typischen Verhaltensmerkmale weist Saturn auf? Wie wirken sich diese auf die Situation aus?
Saturn legt sehr viel Wert auf eine geordnete und klar strukturierte Vorgehensweise, er würde also niemals unvorbereitet in so ein Gespräch gehen. Allerdings wird man ihm seinen ursprünglichen Ärger nicht sonderlich anmerken: kühl und distanziert wird er einen Vortrag darüber halten, daß »man« dieses oder jenes einfach nicht tut ...

Jupiter in Haus ②:
1. Haus ②: Was könnte dies für eine Situation sein? Welche Kriterien müßte sie erfüllen?
Haus ②: *Hier geht es um die Sicherung der materiellen/ körperlichen Existenz, deshalb könnte man sich eine Situation vorstellen, wie jemand für sein Abendessen einkaufen geht.*

2. Jupiter: Welche typischen Verhaltensmerkmale weist Jupiter auf? Wie wirken sich diese auf die Situation aus?
Jupiter denkt stets eine Nummer größer als notwendig wäre, deshalb wird er seinen Einkaufswagen mit Lebensmitteln vollstopfen, weil er wahrscheinlich schon seine Freunde zum Abendessen eingeladen hat, und das werden auch nicht zu wenige sein. Sollte er dennoch allein speisen müssen, wird er trotzdem nicht gerade Diät halten wollen...

Nach diesem Exkurs zurück zum Beispielhoroskop. Schaffen Sie sich für das Horoskop erst einmal eine Übersicht und tragen Sie in die Tabelle »*Die Planeten in den Häu-*

sern« die Häuserposition der Planeten ein. Dann lassen Sie sich von den angeführten Beispielen inspirieren, erzählen Sie sich kleine Geschichten zu den Konstellationen. Um diese Übung richtig machen zu können, benötigen Sie diesmal keine Lösungsvorschläge. Nehmen Sie sich jedoch genügend Zeit, eigene Bilder zu entwickeln. Wenn Sie merken, daß Ihnen entweder zu den Planeten oder den Häusern partout nichts einfällt, gehen Sie zurück zu den entsprechenden Abschnitten in diesem Buch und rekapitulieren Sie, was Sie möglicherweise noch nicht richtig integriert haben.

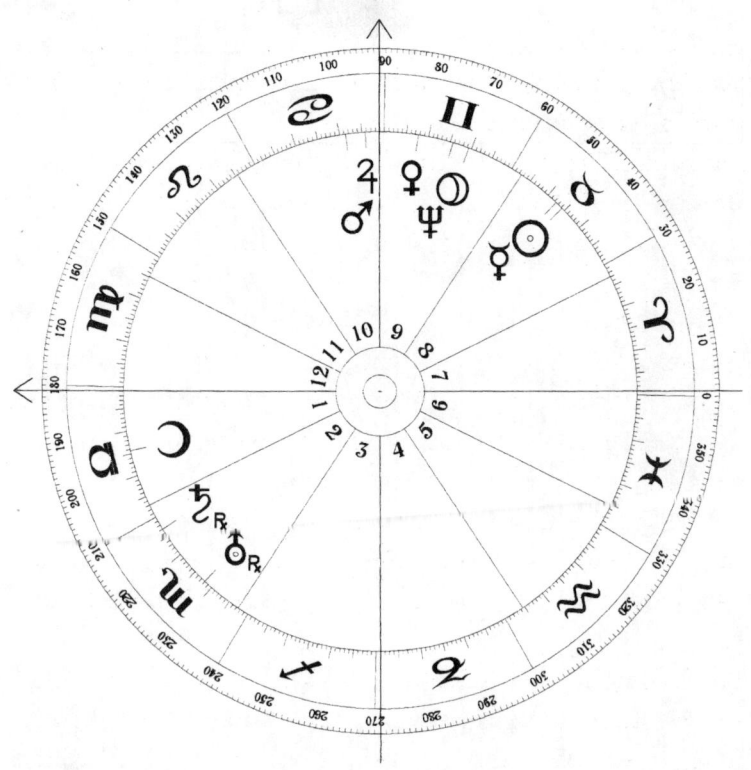

Beispielhoroskop 2: Die Planeten in den Häusern

Planet	in Haus ...	Planet	in Haus ...
☉		♃	
☽		♄	
☿		☌	
♀		♆	
♂		◑	

Beziehungen

Die Kunst der Kombination

Das vereinzelte Wissen um die Elemente der Horoskopdeutung nützt uns nicht viel, wenn es darum geht, der Komplexität eines Horoskops die gewünschten Informationen zu entlocken. Teilweise haben wir uns ja auch schon darum bemüht, beispielsweise Häuser mit Tierkreiszeichen und Planeten mit Häusern zu sinnvollen Aussagen zu kombinieren. Dies ist jedoch erst der Anfang: Die hohe Kunst der Kombination besteht darin, alle im Horoskop vorhandenen Faktoren zu einem Gesamtbild zusammenzufügen, das so zu einer unverwechselbaren Einheit wird.

Neben den Ihnen vertrauten Tierkreiszeichen, Häusern und Planeten gibt es noch weitere Einzelfaktoren, die Sie bei der Gesamtschau miteinbeziehen müssen: die sogenannten *Häuserherrscher* und die *Aspekte*. Beide verknüpfen auf ihre Art und Weise die Themen des Horoskops miteinander und geben den Aussagen Tiefe und individuelle Prägnanz, weswegen sie für die Interpretation unverzichtbar sind.

Häuserherrscher

Der Auftrag

Häuserherrscher verknüpfen in einem Horoskop über die individuellen Positionen der Planeten die Themen der Häuser zu einem Netzwerk.

Als Grundlage für das System der Häuserherrscher benötigen Sie Ihre Kenntnisse über die Zuordnung von Tierkreiszeichen und Planeten. Erinnern Sie sich: Jeder Planet fühlt sich in einem der Tierkreiszeichen gewissermaßen am wohlsten, weil es seinen charakteristischen Eigenschaften besonders nahe steht. Wir haben auch davon gesprochen, daß der Planet dort quasi »zu Hause« ist. (Vgl. S. 147)

Theoretisch kann sich ein Planet an jedem Ort des Horoskops befinden, dies mag weit entfernt von seinem Zuhause sein oder ganz in dessen Nähe.[25] In der Häuserherrscher-Methode wird diesem Umstand Rechnung getragen, indem man davon spricht, daß ein Planet in demjenigen Haus ursprünglich beheimatet ist, das an der Spitze »sein« Tierkreiszeichen trägt; man sagt: Er *herrscht* über dieses Haus.

Beispiel: Der Löwe ist die »Heimat« der Sonne. In einem Horoskop beherrscht die Sonne also das Haus, an dessen Spitze der Löwe steht – ungeachtet ihrer sonstigen Position. Befindet sich beispielsweise der Löwe an der Spitze von Haus 4, so sagt man, die Sonne herrscht über Haus 4 oder: die Sonne *kommt* aus Haus 4, weil hier ihr Zuhause ist. Steht sie selbst aber in Haus 9, so spricht man davon, daß sie Herrscherin von Haus 4 in Haus 9 ist oder daß sie aus Haus 4 kommt und nach Haus 9 *geht*.

Beobachten Sie bitte, daß diese Methode eine *Beziehung*

zwischen zwei Häusern herstellt, dem »Heimathaus« und dem Haus der aktuellen Position des Planeten. In unserem Beispiel geht es um die Beziehung zwischen Haus 4 und Haus 9, die durch die Sonne geknüpft wird.

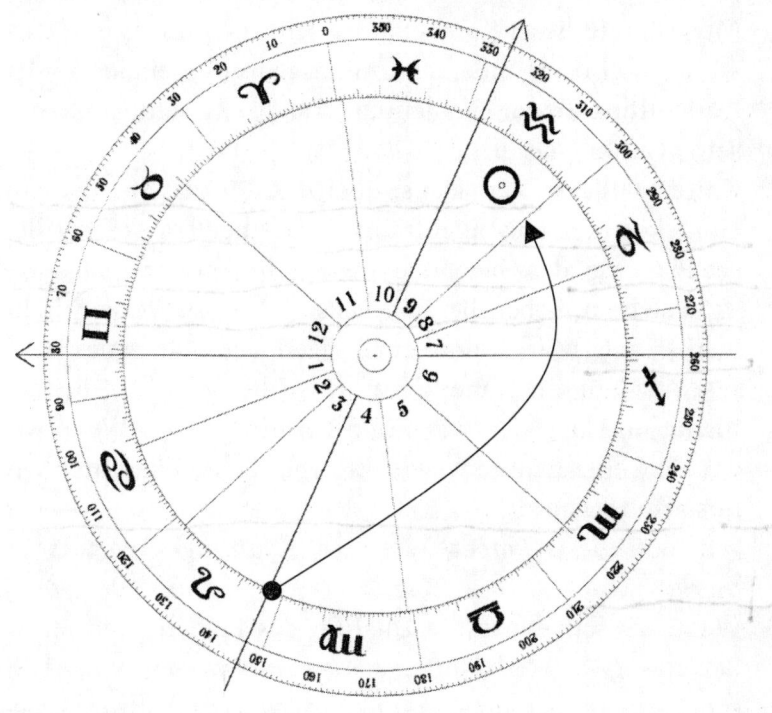

Abbildung 5: Sonne aus Haus 4 *in Haus* 9

Wir nähern uns der Bedeutung dieses Verfahrens, wenn wir uns die Begriffe »*kommen aus*« und »*gehen nach*« ansehen. Tatsächlich könnte man sich in unserem Beispiel vorstellen, die Sonne wäre eigentlich in Haus 4 ansässig und gerade unterwegs, um eine *Aufgabe* zu erfüllen, einen Auftrag, der eng mit dem Thema ihres Ursprungshauses zusammenhängt. Für das Haus ④ könnte so ein Auftrag etwas mit dem zu tun haben, was ich in mir fühle. *Wo* der Auftrag ausgeführt werden soll, sagt uns das Haus, in dem der Planet steht, also in unserem Beispiel die Sonne in Haus ⑨. Das könnte beispielsweise bedeuten, daß ein Mensch mit dieser Konstellation seine Gefühle geistig darstellen soll oder, andersherum ausgedrückt, er sich in der Darstellung seiner Ansichten und Ideen sehr stark auf seine Gefühle beruft.

Halten wir fest: Das Haus, über das ein Planet in einem Horoskop herrscht, erzählt uns etwas über den *Auftrag* dieses Planeten, das Haus, in dem er steht, berichtet dagegen, in welchem Lebensbereich dieser Auftrag verwirklicht werden soll. Man könnte auch sagen, das Thema des Hauses, aus dem ein Planet kommt, ist die *Botschaft*, die der Planet im Haus seiner Position vorbringen soll. Wenn wir das Herkunftshaus eines Planeten betrachten, könnten wir uns also fragen:

Was will dieser Planet? Was steckt dahinter? Wozu ist er hier?

Wenn wir jetzt noch die Qualität des Planeten, der diese Beziehung herstellt, berücksichtigen, wissen wir auch schon etwas über die *Art und Weise,* wie der Auftrag umgesetzt wird bzw. mit Hilfe welcher Eigenschaften dies am besten gelingt. Für die Sonne als Herrscherin aus Haus ④ in Haus ⑨ mag dies heißen, daß man bei der *emotionalen Darstellung seiner Ideen* gerne *im Mittelpunkt steht* oder über eine gewisse *Ausstrahlung* verfügt, die andere dazu veranlaßt, einen zum Bezugspunkt werden zu lassen. Als Bild kann man sich vorstellen, wie ein Mensch in einer Runde von Zuhörern sitzt, die gebannt seinen Worten lauschen und ihm förmlich an den Lippen kleben, weil es ihm gelingt, seinen Vortrag mit so viel Herz und Einfühlungsvermögen zu gestalten, daß er den Leuten aus der Seele spricht...

Technisch gesehen kann es hier zu folgender Schwierigkeit kommen, auf die wir bereits im Zusammenhang mit den Häusern im Tierkreis gestoßen sind: Durch die Verzerrung der Häuserstruktur kommt es vor, daß ein Tierkreiszeichen in einem Haus eingeschlossen ist, während in einem anderen Zeichen zwei Häuserspitzen zu liegen kommen. In diesem Fall gilt folgendes:

1. Ist in einem Haus ein Zeichen eingeschlossen, so herrschen eben zwei Planeten über dieses Haus, sprich: Sie erfüllen beide denselben Auftrag, möglicherweise aber jeder an einer anderen Stelle des Horoskops.

In Abbildung 5 finden Sie die Waage in Haus ⑤ eingeschlossen, während an der Spitze von Haus ⑤ Jungfrau steht: Dies bedeutet, daß nicht nur Merkur (für Jungfrau) Herrscher von Haus ⑤ ist, sondern auch Venus (für Waage).

2. Befinden sich zwei Häuserspitzen in einem Tierkreiszeichen, so muß eben ein Planet zwei Aufträge zugleich erfüllen, die dann auch miteinander gekoppelt sind, d. h., die Erfüllung des einen Auftrags bedingt die Erfüllung des anderen und umgekehrt.

In Abbildung 5 ist die Sonne nicht nur Herrscherin von Haus ④, da sich auch Haus ③ in Löwe befindet: Sie ist deshalb also ebenfalls Herrscherin von Haus ③.

Übung:

Häuserherrscher bestimmen

Um die technischen Fähigkeiten zu schulen, bitte ich Sie in folgendem Horoskop, die *Häuserherrscher* zu untersuchen und in der anschließenden Tabelle einzutragen. Dabei gehen Sie jedes Haus der Reihe nach durch. Achten Sie auch auf eingeschlossene Zeichen. Lösungsvorschläge finden Sie auf Seite 247.

Beispielhoroskop
Teil 3

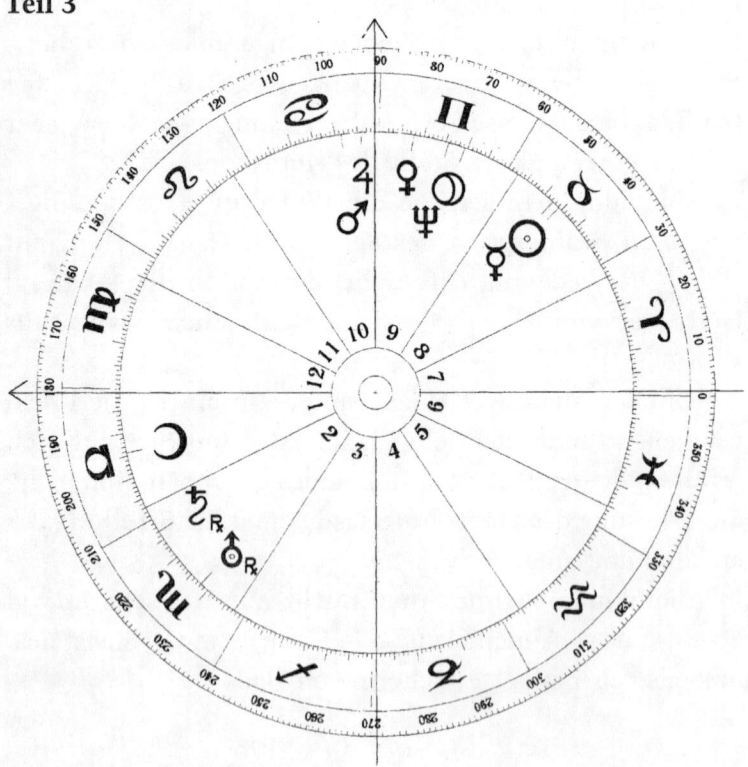

Beispielhoroskop 3: Die Häuserherrscher

An der Spitze von Haus...	...befindet sich das Zeichen...	Deshalb herrscht ...über dieses Haus.	Dieser Planet steht in Haus...
1	♎	♀	[9]
2	♏ ⊕ ♐	♏ ♀	9 ♏ ♐
3	♏ / ♐	⊕ ♃	~~2/10~~ 9/4 10
4	♑	♑	~~10~~ 2
5	♒	♄	2 Ⓡ
6	♓	♆	9
7	♈	♂	10
8	♈	♂	10
9	♉ / ♊	♀ ☿	9 / ♐
10	♋	☽	1
11	♌	☉	♐
12	♍	♇ ☿	♐ ♐

Übung:
Konstellationen assoziieren

Nachdem Sie den formellen Teil gemeistert haben, darf auch der inhaltliche nicht zu kurz kommen. Unser Beispielhoroskop soll Ihnen als Grundlage für die Deutung der Häuserherrscher dienen. Beginnen Sie mit der Formel: »Planet X kommt aus Haus Y und hat deshalb den Auftrag ... Diesen Auftrag soll er im Lebensbereich von Haus Z verwirklichen, und das heißt ... Dabei stehen ihm folgende Qualitäten des Planeten X zur Verfügung:...«

163

Fühlen Sie sich unbedingt auch dazu ermuntert, bildhafte Episoden und Stimmungen zu den herausgefundenen Konstellationen zu assoziieren, wie im obigen Beispiel gezeigt. Auf Seite 248 finden Sie einige stichwortartig zusammengefaßte Anregungen, die Ihnen helfen können, sollten Sie an der einen oder anderen Stelle ins Stocken geraten.

Als Beispiel hier die Häuserherrscher-Konstellation zu Haus ①:

Venus kommt aus Haus ① und hat deshalb den Auftrag, sich um die Durchsetzung der persönlichen und körperlichen Interessen zu kümmern. Diesen Auftrag soll sie im Lebensbereich von Haus ⑨ verwirklichen, *nämlich über die Darstellung im persönlichen Umfeld.* Dabei stehen Venus Qualitäten zur Verfügung, wie *ihre Anziehungskraft und ihr Interesse für andere.*

Wie könnte man sich dies konkret vorstellen?

Dieser Mensch erobert sein Umfeld und seine Umgebung ganz instinktiv, ist der Befriedigung seiner Bedürfnisse am nächsten in der Gesellschaft anderer. Folglich müßte er ein von Natur aus recht umgänglicher und toleranter Mensch sein, damit er es sich nicht mit niemandem auf Anhieb verscherzt. Dazu kann er seine angenehme und auf Harmonie ausgerichtete Ausstrahlung einsetzen, seinen gewissermaßen natürlichen Charme...

Die Aspekte

Der Himmel befindet sich ununterbrochen in Bewegung, doch diese Prozesse verlaufen zyklisch, d. h., sie können in Gestalt eines Kreises beschrieben werden. Astrologie beschäftigt sich mit diesen Zyklen, zwei davon kennen Sie bereits: den Tierkreis und den Häuserkreis. Beide beruhen auf der Wiederkehr der Sonne an ihren Ausgangsort, der eine bezogen auf das Jahr, der andere auf den Tag. Ein dritter bedeutsamer Zyklus bezieht sich auf das Verhältnis der Planeten untereinander: die Reihe der Aspekte, von lat. *aspicere*, »sich anschauen«.

Lassen Sie mich dies so erklären: Jeder Planet umkreist die Erde in einer anderen Geschwindigkeit, so daß die schnelleren Planeten die jeweils langsameren immer wieder überholen. Wie zwei ungleiche Läufer auf einer Kreisbahn nehmen sie dabei unterschiedliche Stellungen zueinander ein. Mal läuft der schnellere dem langsameren voraus, dann befindet er sich ihm auf der Kreisbahn genau gegenüber, läuft dann wieder auf ihn zu, um ihn schließlich erneut einzuholen: der Zyklus beginnt von vorne. Der aktuelle Abstand zueinander wird mit Hilfe der 360° des Kreises gemessen, man spricht also davon, daß ein Planet sich soundso viele Grade auf der Ekliptik von einem anderen entfernt befindet.

Kein anderes Schauspiel am Himmel bietet eine bessere Anschauungsgrundlage für diese Zusammenhänge als der Zyklus zwischen Sonne und Mond, der sich besonders einprägsam in den Phasen des Mondes ausdrückt.

Der Sonne-Mond-Zyklus

Neumond[26]

Wenn der Mond die Sonne überholt, befindet er sich zwischen uns und der Sonne, die so zwar seine Rückseite beleuchtet, aber seine uns zugewandte Vorderseite im

Dunkeln läßt: der Mond ist unsichtbar (✒ Tafel VI.1.; für die Position von Sonne und Mond vgl. auch ✒ Tafel V.2.).[27] Auf die Ekliptik bezogen befinden sich beide auf derselben Stelle, d. h., sie haben eine Entfernung von 0°, und der Mond geht morgens mit der Sonne auf, folgt ihr den gesamten Tageslauf über Mittag und verschwindet mit ihr bei Sonnenuntergang (✒ Tafel VI.2.).

Im Horoskop können wir den Neumond daran erkennen, daß sich Sonne und Mond auf derselben Stelle des Tierkreises befinden. Von da ab läuft er der Sonne täglich ein Stück weiter in Tierkreis-Richtung voraus.

Sichelmond

In unseren Breiten vergehen etwa zwei bis drei Tage, bis östlich von der Sonne in der Abenddämmerung die schmale Gestalt des Sichelmondes auftaucht: Zwischen ihnen liegen etwa 30° auf der Ekliptik. Stets zeigt der Sichelmond mit seiner gekrümmten Seite zur Sonne hin, von der er sein Licht empfängt. Manchmal kann man unter günstigen Bedingungen den Rest der Mondscheibe aschgrau erhellt sehen: Dies ist der Widerschein der Erde, die ihrerseits das Licht der Sonne auf die Oberfläche des Mondes wirft. Die Mondsichel geht kurz nach der Sonne auf und zeichnet sich nur schwach gegen den Taghimmel ab. In der Abenddämmerung, wenn die Sonne bereits untergegangen ist, bekommen wir den Mond zu sehen, und je näher wir am Äquator sind, um so eher erinnert er an ein Boot, das im Nachthimmel treibt.

Im Horoskop entspricht das Auftauchen des Sichelmondes einem Abstand zwischen Sonne und Mond von etwa einem Tierkreiszeichen.

Zunehmender Halbmond

Etwa eine Woche ist seitdem vergangen: der Mond läuft der
Sonne bereits ein erhebliches Stück voraus, und wenn er
sich in einem Abstand von 90° zu ihr befindet, erscheint er
als leuchtender Halbkreis mit einer scharfen Kante, die
seine helle von seiner dunklen Hälfte trennt. Jetzt geht er
auf, wenn die Sonne bereits ihren Höhepunkt überschritten hat und nimmt die Mitte des Himmels erst ein, wenn
das Taggestirn bereits hinterm westlichen Horizont verschwunden ist.
Die 90° Entfernung von Sonne und Mond zeigt sich im
Horoskop durch einen Abstand von drei Tierkreiszeichen
zueinander, wenn sich z. B. die Sonne im Widder befindet,
steht der Mond im Krebs, also ein kardinales Zeichen weiter. Es gilt für alle Halbmondstellungen, daß sich Sonne
und Mond in einem Zeichen gleicher Qualität einfinden.

»Buckelmond«[28]

Nach der klaren und eindeutigen Gestalt des Halbmondes
wölbt sich das Licht des Mondes immer mehr in die der
Sonne abgewandte Seite hinein. Die Lichtkraft nimmt
erheblich zu, und der Mond bleibt immer länger am Himmel sichtbar.

Vollmond

Zwei Wochen nach seiner völligen Unsichtbarkeit ist es
soweit: Der Mond erstrahlt in seiner vollen Größe und
maximalen Lichtkraft. Jetzt hat er sich völlig dem Einflußbereich des Tages entzogen und geht erst dann auf, wenn
die Sonne untergeht. Die ganze Nacht regiert er souverän
den Himmel, um bei Anbruch des Tages für die Sonne das

Feld zu räumen und unterzugehen. Sonne und Mond stehen sich auf der Ekliptik jetzt genau gegenüber, ihr Abstand beträgt 180°.

Auch im Horoskop befinden sich Sonne und Mond in den gegenüberliegenden Tierkreiszeichen: Steht die Sonne also im Widder, muß sich der Vollmond in der Waage befinden.

Abnehmende Phasen

In den darauffolgenden zwei Wochen wiederholen sich die Lichtgestalten des Mondes – jedoch in umgekehrter Reihenfolge. Der Mond nähert sich allmählich wieder der Position der Sonne und nimmt dabei an Lichtkraft und Größe ab. Er steht jetzt nicht mehr östlich von der Sonne, sondern westlich und entsprechend zeigt seine beleuchtete Seite in die entgegengesetzte Richtung als bei den zunehmenden Phasen. So geht er bei abnehmendem Halbmond zur Mitternacht auf und am Mittag unter, die dünne Sichel des abnehmenden Mondes ist dagegen nur noch in der Morgendämmerung sichtbar, bevor sie vier Wochen – einen Monat – nach der »Geburt« des Lichtes wieder völlig verschwunden ist und der Zyklus von neuem beginnt ...

Im Horoskop drückt sich dies in den gleichen Beziehungsverhältnissen wie oben beschrieben aus, jedoch auf der Hälfte des Tierkreises, in der sich der Mond der Sonne wieder annähert.

Das Machtspiel zwischen Sonne und Mond

In der Beschreibung der Anschauung ist es bereits angeklungen: Die Dynamik der Beziehung zwischen Sonne und Mond ähnelt einem Machtspiel um die Vorherrschaft am

Himmel. Jede Phase des Mondes markiert ein weiteres Kapitel dieses himmlischen »Wettkampfs«.

In der Phase des *Neumondes* büßt der Mond seine Macht ein: Sie wird vom Licht der Sonne regelrecht verschluckt. Wenn sich dann wenige Tage später wieder der zarte *Sichelmond* am Himmel zeigt, mag dies den Menschen wie die Geburt[29] eines neuen Lichtes erschienen sein, mit der die Zunahme der Gestalt auch an Eigenständigkeit gewinnt.

Während sein Licht immer weiter wächst, entfernt sich der Mond immer weiter von seinem Ursprung: Man könnte dies als einen Akt wachsender Befreiung und Unabhängigkeit sehen. Solange die dunkle Hälfte des Mondes größer als die helle ist, kann es mit der Selbständigkeit noch nicht allzuweit her sein. Deshalb kommt dem *Halbmond* eine ganz besondere Bedeutung zu: Jetzt sind Hell und Dunkel gleich stark, offenbaren sich als widerstreitende Kräfte. Es ist eine sehr spannungsgeladene Situation, in der man womöglich Angst vor der eigenen Courage entwickelt, gleichzeitig aber erkennt, daß es kein Zurück mehr gibt: die Loslösung muß stattfinden.

Wenn der Sprung erst einmal geschafft ist, geht es im Grunde wie von selbst: die weiteren Phasen des Mondes bis zu seiner Fülle haben nicht mehr dieselbe Dramatik wie vor der Halbmondstellung. Unweigerlich füllt sich das Rund des Mondes mit Licht, bis er schließlich zum Vollmond wird und auf dem Höhepunkt seiner Macht steht: Er muß sich nicht mehr die Domäne des Tages mit der alles überstrahlenden Sonne teilen, er ist ihr gleichwertig geworden und bewegt sich unabhängig in seinem eigenen Reich, der Nacht.

Diese Herrschaft ist freilich nur von begrenzter Dauer und muß schon bald die Schwächung in Kauf nehmen. In gewisser Hinsicht könnte man sagen, daß der Mond seine geliehene Macht der Sonne wiedergeben muß – schließlich ist es ihr Licht, das er reflektiert. Dieser Prozeß wird im absteigenden Zyklus veranschaulicht. [15]

Die Herleitung der Aspekte

Aus dem Wechselspiel zwischen Sonne und Mond leiten sich die wesentlichen Bedeutungen auch für alle anderen Aspekte ab. Besonders auffällig sind die folgenden drei:[30]
– der 0°-Abstand oder *Konjunktion,*
– der 90°-Abstand oder *Quadrat,*
– der 180°-Abstand oder *Opposition.*
Da sie die einzigen Aspekte sind, die eine sichtbare Entsprechung am Firmament haben, kann man ohne Untertreibung behaupten, daß sie die unverzichtbarsten und wichtigsten Aspekte sind.

Neben diesen wird in der klassischen Astrologie nur bestimmten Winkelabständen eine Bedeutung zugesprochen, und zwar hauptsächlich solchen, die aus der Teilung der 360° eines Kreises durch die ganzen Zahlen von 1 bis 12 zustande kommen. Nach der mystischen Tradition besitzen Zahlen ein eigenes Wesen, und entsprechend »beseelen« die Charaktere der Zahlen auch die Aspekte. [16]

Uns interessieren jedoch nur die *5 Großen Aspekte* oder *Hauptaspekte,* von denen Sie drei bereits kennen, in der Reihenfolge ihrer Größe sind es: *Konjunktion, Sextil, Quadrat, Trigon* und *Opposition.* [17] (⚐ Tafel VI.3.)

Die fünf Hauptaspekte

Konjunktion (0°): Die Konjunktion ist unzweifelhaft der wichtigste Aspekt im Horoskop. Sie symbolisiert die Vereinigung zweier Planetenprinzipien auf einer Stelle und damit den Ausgangspunkt ihres gemeinsamen Zyklus. Die Bedeutung einer Konjunktion hängt von den Eigenschaften der beiden Planeten ab, d. h., welche Formen der Aktivität »unter einen Hut gebracht« werden müssen. Da eine Konjunktion immer für den Beginn eines zyklischen Prozesses steht, enthält sie auch noch alle Möglichkeiten. Manche Energien lassen sich vielleicht besser zusammenbringen, andere aufgrund ihrer großen Unterschiedlichkeit nur unter Mühe.

Opposition (180°): Aus der Einheit entsteht Zweiheit – aus einem Punkt werden zwei Punkte, die sich als gleichwertige Partner aufeinander beziehen, wie im Symbol für die Opposition darge-stellt. Zwei getrennte Individuen stehen sich gegenüber und fordern sich gegenseitig heraus: Darin sind sie auch voneinander abhängig, denn der eine kann nicht ohne den anderen Bedeutung erlangen, so wie der Mond ohne die Sonne kein Licht erhielte.

Die Opposition entsteht aus der Teilung des Kreises durch zwei. Die Zwei stand schon immer für Prozesse der Trennung, wie in den Wörtern »entzwei«, »Zwietracht«, »Zwiespalt« und »Zwist« zum Ausdruck kommt. So mag ich mich im Wechselspiel der opponierenden Planeten hin und her gerissen und mit mir selbst uneins fühlen. Es geht hier jedoch nicht um den Sieg des einen über den anderen, sondern um die Kunst, beide Kräfte dazu zu bewegen, sich sinnvoll zu ergänzen, ohne daß einer von beiden seine Eigenständigkeit verlöre. Eine Opposition gleicht einer offenen Auseinandersetzung, die immer die Möglichkeit des Konsens enthält – so wie sich Sonne und Mond schließlich die Herrschaft von Tag und Nacht teilen.

Trigon (120°): Dieser Aspekt entsteht aus der Dreiteilung des Kreises. Die Zahl drei hat bei vielen Völkern einen durchweg positiven Charakter: »Wenn zwei sich streiten, freut sich der Dritte« und »Aller guten Dinge sind drei«. Mit ihr wird nach der Zerrissenheit der Zwei erstmals ein Gefühl von Vollständigkeit verbunden, denken Sie dabei etwa an die drei Wünsche, die drei Söhne, die drei Töchter in den Märchen und Sagen, das dreimalige Wiederholen von Zaubersprüchen. Viele Kulturen kennen göttliche Trinitäten wie Vater – Sohn – Heiliger Geist, Brahma – Shiva – Vishnu in Indien. Das Dreieck, das aus der Verbindung von drei Punkten gebildet wird, ist die erste mögliche geometrische Fläche, und damit das erste mögliche Fundament.

Aber auch in der Logik kennt man den Dreierschritt in der Form von These, Antithese und Synthese. Gerade hier wird deutlich, was die Drei vermag: Sie verbindet die Gegensätze zu einer dritten und neuen Qualität. Die Drei ist das Ende des Zwiespaltes, wie man im alten Rom sehr wohl wußte. Deswegen wurden in allen wichtigen Gremien stets drei Männer, das *Triumvirat*, mit der Entscheidungsfindung beauftragt: Die Zahl drei schafft immer Klarheit.

Im Trigon verkörpert sich dieses Prinzip der Vollständigkeit durch Synthese: Hier arbeiten zwei Planetenprinzipien ungeachtet ihrer Unterschiede harmonisch miteinander. Das Trigon zählt deshalb auch nicht unbedingt zu den dynamischsten aller Aspekte, da ihm der Impuls zur Fortentwicklung fehlt.

Quadrat (90°): Wie wir bereits wissen, verkörpert die Quadratstellung zwischen Sonne und Mond, der Halbmond, einen kritischen Augenblick. In diesem Aspekt spiegelt sich der Widerstreit zwischen dem Verlangen nach Unabhängigkeit und der Angst, sich vom Gewohnten zu lösen. Nur hat man hier eigentlich keine andere Wahl mehr: Man fühlt genau, daß jetzt etwas geschehen wird, was man vielleicht verhindern möchte, aber nicht verhindern kann.

Quadrate besitzen ein sehr hohes Energieniveau, das unaufhaltsam nach Konkretisierung drängt. Die beiden Planeten, die sich so aspektieren, erzeugen ein explosives Gemisch, wie ansonsten harmlose Zutaten eines Chemiebaukasten sich, einmal zusammengeschüttet, in einem heftigen Knall entladen. Auf diese Entladung zielt das Quadrat ab, auf das erleichterte Aufatmen, nachdem der Sprung über den eigenen Schatten getan wurde. Zunächst aber muß man die Herausforderung des Quadrates annehmen und es als Chance zur Freisetzung schöpferischer Kräfte nutzen.

Die Zahl vier, durch die der Kreis für das Quadrat geteilt wird, gilt bei vielen Völkern als Zahl der Ordnung der Materie und des irdischen Lebens. Denken Sie nur an die vier Jahreszeiten, die vier Tageszeiten, die vier Himmelsrichtungen, die vier Mondphasen, die eigenen vier Wände, die Viertel einer Stadt. Das astrologische Quadrat zeigt, daß sich Stabilität und Organisation erst als Ergebnis auf eine erfolgreich durchgestandene Krise einstellen können.

Sextil (60°): Der letzte der fünf großen Aspekte entsteht aus der Division des Kreises durch die Zahl sechs. Das Sechseck ist eine in der Natur häufig vorkommende Struktur, z. B. bei Bienenwaben und Schneekristallen. Überhaupt scheint die Zahl sechs mit dem Akt der Schöpfung zu tun zu haben, denn Gott erschuf die Welt in sechs Tagen – am siebten ruhte er ja bekanntlich. Ihre besondere Bedeutung erhält sie im Zusammenhang mit den sechs Seiten eines Würfels: das Werfen einer »Sechs« gilt dabei als Glückstreffer und symbolisiert so die Chance auf Gewinn.

Für das astrologische Sextil heißt das, daß sich hier zwei Planetenenergien zu einer schöpferischen Chance verbinden. Wie beim Trigon, dessen Hälfte es ja ist, repräsentiert es eine Begabung, jedoch ist diese bei weitem noch nicht fertig ausgeprägt. Vielmehr sind es Talente, die angelegt sind, aber noch auf den schöpferischen Impuls warten, der sie entfacht. Im Bereich eines Sextils ist vieles möglich, aber noch nichts konkret. Ungleich dem Quadrat, das einen in den Schöpferakt förmlich hineinzwingt, schlummert das Potential des Sextils, bis man es selber weckt.

Der Orbis

In der Praxis gilt nicht nur der exakte Abstand zwischen zwei Planeten, sondern man toleriert links und rechts von diesem Punkt einen Bereich, in dem der Aspekt noch seine Wirkung entfalten kann. Diesen Bereich nennt man *Orbis*, den »Umkreis«.

Wie groß ist dieser Orbis, sprich: Wie viele Grade darf ich links und rechts dazu zählen?

Da sich um diesen Punkt die Astrologenschaft nicht wirklich einig ist, hier nur ein paar Tips für den Anfang:

– Nehmen Sie lieber einen zu kleinen als einen zu großen Orbis. Für den Anfang gönnen sie Ihren Aspekten nicht mehr als 5° links und rechts – für Sonne und Mond darf es auch mal etwas mehr sein, bei den Langsamläufern wiederum etwas weniger. Also: Das Quadrat beginnt bereits 5° vor den 90° und endet erst 5° danach, d. h. von 85° bis 95°.

– Sehen Sie die Sache nicht allzu verbissen, sondern eher experimentell und als vom Einzelfall abhängige Größe: In manchen Horoskopen wird man einen Aspekt auch noch mit einem verhältnismäßig großen Orbis zulassen, während man ihm in einem anderen keine Bedeutung zumißt. Damit will ich zum Ausdruck bringen, daß die Wahl des richtigen Orbis eher eine Sache der Gesamtschau und der Erfahrung als der richtigen Formel ist.

– Berücksichtigen Sie auch, daß Orben natürlich um so wichtiger werden, je näher sie an der Exaktheit liegen.[31]

Orbitale und axiale Aspekte

Selbstverständlich können Sie auch Aspekte zu den Hausspitzen berücksichtigen, die wie jeder bewegliche Faktor im Horoskop Winkelbeziehungen zu anderen Faktoren unterhalten können. Aspekte von Planeten auf Hausspitzen oder Häuserachsen heißen konsequenterweise *axiale* Aspekte, im Gegensatz zu Aspekten, die sich rein zwischen zwei Planeten auf ihrem Umlauf – »Orbit« – abspielen und deshalb *orbitale* Aspekte genannt werden.

Axiale Aspekte sind durch ihre Anbindung an den Häuserkreis nur von kurzer Gültigkeitsdauer, während für orbitale Aspekte gilt, was wir bereits zu Planetenpositionen im
allgemeinen gesagt haben: Je langsamer die beteiligten Planeten laufen, um so unspektakulärer wirken sie sich auf
das Leben des Individuums aus. Am ehesten besitzen noch
orbitale Aspekte zum Mond eine individuelle Bedeutung.
Dann folgen mit einigem Abstand die Aspekte zu Sonne,
Merkur, Venus und Mars. Bei Aspekten zu Jupiter und
Saturn sollten Sie bereits auf eine Deutung im persönlichen Sinne verzichten, ganz vernachlässigen können Sie
Aspekte zu den Planeten Uranus, Neptun und Pluto.[32]
Axiale Aspekte besitzen hingegen eine ungleich größere
Aussagekraft und einen weitaus höheren individuellen
Stellenwert für die Interpretation. Allerdings sollten Sie
sich am Anfang auf die Aspekte zu den Hauptachsen be-
schränken.

Die Deutung von Aspekten

Der erste Schritt zur Deutung von Aspekten ist die Kombination der Planeten. Zunächst ist es gar nicht so wichtig,
welcher Aspekt sich zwischen zwei Planeten ergibt – entscheidend ist, *daß* sich überhaupt eine Verbindung herstellen läßt. Der Einfluß eines solchen Planetenpaares ist
immer wechselseitig: So mag sich ein Venus-Saturn-
Aspekt je nach Perspektive ganz unterschiedlich ausmachen: Betrachtet man die Venus unter dem Einfluß des
Saturn, ergeben sich andere Sichtweisen als umgedreht.
Beispiel:
1. Wie geht es Venus mit Saturn?
Venus als ein Prinzip, das sich auf die Begegnung mit der

Umwelt bezieht und dabei uneingeschränkt ihren Interessen nachgehen möchte, mag sich auf den ersten Blick mit Saturn nicht recht vertragen. Dieser tendiert dazu, alles an Formalitäten und gesellschaftlich akzeptierten Spielregeln auszurichten. Vielleicht grenzt Saturn den Bereich der Begegnung ein, indem er bestimmt, was »man« überhaupt als einer Beziehung würdig erachten kann. Andererseits aber verleiht Saturn Venus Beständigkeit und Treue. Sie mag dann möglicherweise nur wenige Beziehungen unterhalten, dafür sind diese um so ernsthafter und tiefer...

2. Wie geht es Saturn mit Venus?

Saturn steht für unsere Fähigkeit, unserem Leben ein Ziel zu verleihen und es mit Ausdauer zu verfolgen. Die Vielfalt an Interessen, die Venus verkörpert, könnte Saturn und seinem Bestreben nach Eindeutigkeit etwas in die Quere kommen: Zu gerne würde Venus sich nicht nur einem Ziel verschreiben, sondern sich allem, was sie reizt, einfach und spontan hingeben. Daß dies der Effizienz beim Einhalten von Projekten nicht unbedingt förderlich ist, ist offensichtlich. Andererseits kann Venus auf Saturn auch die Wirkung haben, daß er über seine oftmals zu strikte Sicht der Dinge nicht den Kontakt zu anderen vergißt...

In einem zweiten Schritt kann man beobachten, welchen qualitativen Einfluß die Art des Aspektes auf diese Konstellation hat:

Als *Konjunktion* wirkt das Zusammenspiel zwischen Venus und Saturn als eine Verbindung aus Form (Saturn) und Begegnung (Venus). Da die Konjunktion ein Potential verkörpert, kommen alle Entsprechungen, die oben angeführt wurden, in Betracht. Hier entscheidet der Gesamtzusammenhang eines Horoskops, welche Entsprechungsebene zuständig ist.

Begegnen sich Venus und Saturn im *Quadrat*, könnte man es als »Quadratur des Kreises« empfinden, Partnerschaft (Venus) und Beruf (Saturn) auf einen Nenner zu bringen. Immer scheinen sich beide im Wege zu stehen, sich gegenseitig dazwischenzufunken, obwohl man vielleicht sein Bestes tut, um beide voneinander getrennt zu halten.

In der *Opposition* hat man möglicherweise zunächst das Gefühl, als ob man das eine nur dann haben kann, wenn man das andere vernachlässigt: Partnerschaft und Beruf sind dann eben wie zwei Kontrahenten, die permanent um die größte Aufmerksamkeit buhlen. Tatsache ist, daß beide Lebensthemen nur dann ein zufriedenstellendes Gefühl hinterlassen werden, wenn sie beide Hand in Hand gehen.

Das *Trigon* zeigt, daß es nicht die geringsten Probleme gibt, Partnerschaft und Berufsleben unter einen Hut zu bringen – es scheint sogar so zu sein, daß, sobald der eine Lebensbereich funktioniert, automatisch der andere gleichzieht. Vielleicht ergänzen sich beide so gut, daß sie sich überschneiden und man mit dem Partner sogar besonders erfolgreich berufliche Pläne verwirklichen kann.

Im *Sextil* zwischen Venus und Saturn wäre diese Möglichkeit zwar angelegt, doch bedarf es dringend eines Impulses, um aus dieser Chance zu Harmonie zwischen Beruf und Liebe handfeste Tataschen zu machen. Vielleicht hat man ein besonderes Talent, seine Begegnungsoffenheit auch beruflich zu nutzen...

Übung:
Planetenpaare bilden
Im folgenden finden Sie in der Mitte dreier Spalten Planetenpaare. Links finden Sie eher positive Entsprechungen
dieser Konstellation, rechts eher negative Entsprechungen.
Jedem Planetenpaar ist jeweils ein Begriff aus der rechten
und der linken Spalte zuzuordnen, die beide quasi den ent-
gegengesetzten Enden ein und desselben Prinzips entsprechen. Unser Venus/Saturn-Beispiel finden Sie hier als Einstieg wieder. Die Lösungsvorschläge finden Sie auf Seite 250.

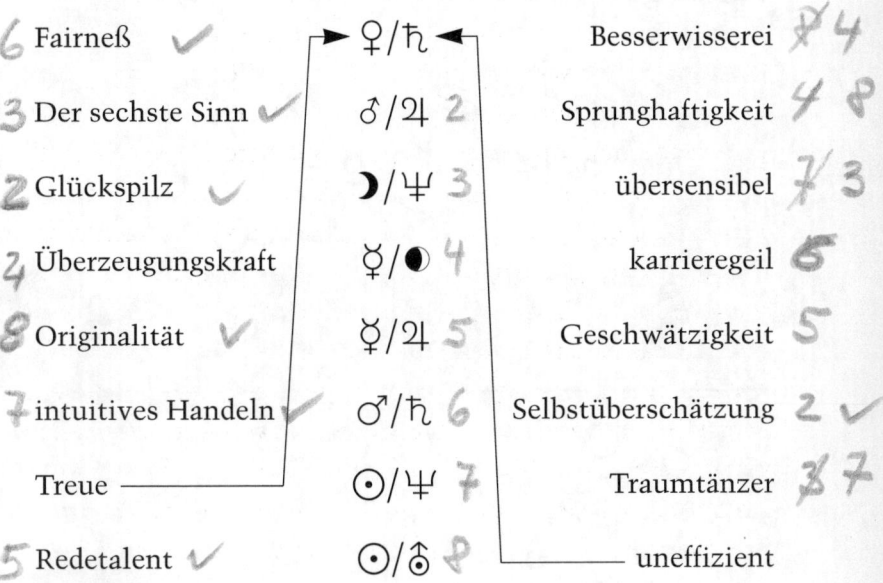

Fairneß	♀/♄	Besserwisserei
Der sechste Sinn	♂/♃	Sprunghaftigkeit
Glückspilz	☽/♆	übersensibel
Überzeugungskraft	☿/◐	karrieregeil
Originalität	☿/♃	Geschwätzigkeit
intuitives Handeln	♂/♄	Selbstüberschätzung
Treue	☉/♆	Traumtänzer
Redetalent	☉/☊	uneffizient

Übung:
Aspekte ergänzen
Unser Beispielhoroskop wird nun um seine Aspekte
ergänzt: Die Symbole erscheinen auf den Aspektlinien.

Unterhalb des Horoskops finden Sie eine Liste aller Aspekte. Versuchen Sie, wie im Beispiel des Venus/Saturn-Aspektes gezeigt, eine erste Interpretation der Aspekte. Gehen Sie dabei zunächst von ganz allgemeinen Vorstellungen aus. Achten Sie aber auch auf die Wechselseitigkeit der Aspektpartner! Die stichwortartigen Lösungsvorschläge finden Sie auf Seite 251 und sollen Ihnen einen Anreiz für Ihre Gedankengänge liefern.

Beispielhoroskop
Teil 4

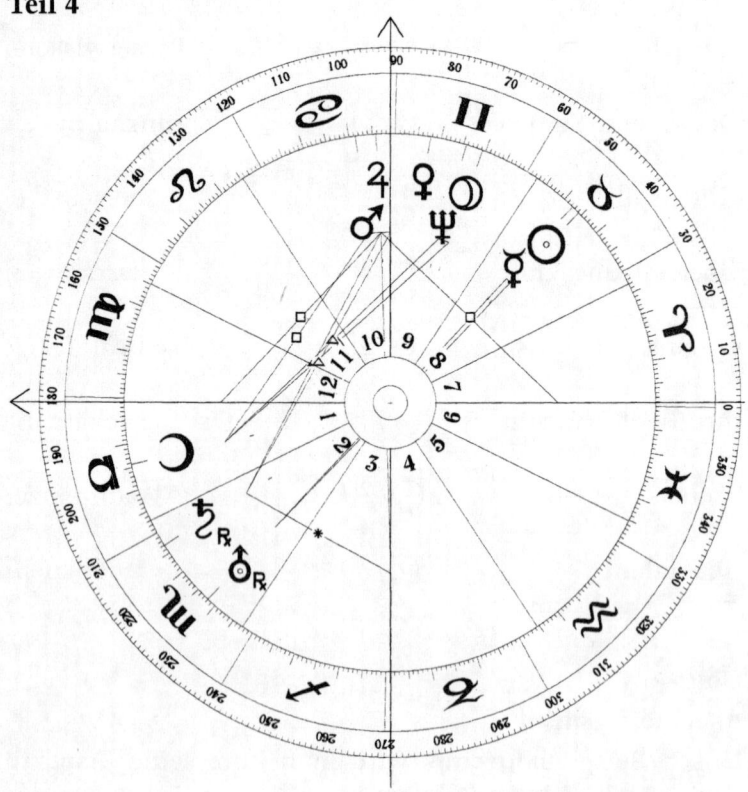

Beispielhoroskop 4: Die Aspekte

	Aspekt	Deutung
1.	☉ ☌ ☿	
2.	☉ ☍ ☊	
3.	☽ □ ♂	
4.	☽ △ ♆	
5.	☽ △ ◐	
6.	☿ ☍ ☊	
7.	♂ ☌ ♃	
8.	♃ △ ♄	
9.	♃ □ AC/DC	
10.	♄ ✳ IC ♄ △ MC	
11.	♆ ☌ ◐	

Die Praxis

Prioritäten setzen

Rekapitulieren wir, was Sie bis zu diesem Punkt über die Bausteine der astrologischen Deutungspraxis gelernt haben:

– Sie haben etwas über Aufbau und Funktion des *Tierkreises* gelernt, mit dem Ziel, sich ihm in Form von Bildern zu nähern, in denen sich die typischen Eigenschaften der Tierkreiszeichen spiegeln.

– Sie kennen den *Kreis der Häuser*: Er bildet den individuellen Rahmen für die Interpretation. Seine Position im Tierkreis erzählt uns etwas über die »Kulisse«, vor der sich das »Drama« des menschlichen Lebens abspielt.

– Die *Planeten* wurden Ihnen als »Darsteller« in der Szenerie der Häuser vorgestellt. Sie bewegen sich mit bestimmten Aufträgen und Botschaften *(Häuserherrscher)* durch das Drama und unterhalten zueinander Beziehungen von unterschiedlicher Qualität *(Aspekte)*.

Im Grunde stehen Ihnen jetzt alle wichtigen und unabdingbaren Faktoren für eine aussagekräftige und gelungene Horoskopinterpretation zur Verfügung.

Und dennoch bleibt die Frage offen: Wo soll ich überhaupt beginnen?

Wer sich keinen »roten Faden« zurechtlegt, sich keine Strategie überlegt, jedoch die Struktur eines Horoskops ausloten möchte, wird über kurz oder lang vor dem Problem stehen, wie er die Fülle an Informationen zu einem

sinnvollen Gesamtzusammenhang verknüpfen kann –
denn von selbst geschieht dies nicht. Erfahrungsgemäß findet hier das »Waterloo« der meisten Einsteiger statt – dabei kann es ganz einfach sein, wenn Sie sich folgende grundsätzliche Überlegungen zunutze machen:

1. *Was interessiert uns am Horoskop eines Menschen am meisten?*

In der Regel wird es die Art und Weise sein, wie er sich seinen ganz individuellen und typischen Zugang zur Wirklichkeit verschafft, sprich: wie er sich aktiv im Leben plaziert, wo er dabei Schwierigkeiten hat und wie er seine Vorhaben am besten umsetzen kann. Diese Perspektive auf das Leben eines Menschen wird in den *Planeten* dargestellt, und deshalb sollten Sie hier mit der Interpretation ansetzen.

2. *Bei welchem Planeten aber sollte man anfangen?*

Erinnern Sie sich: Planeten unterscheiden sich nicht nur in ihren Qualitäten, sondern auch in ihrem individuellen Stellenwert: Je schneller sie sich durch den Tierkreis bewegen, um so persönlicher können sie gewertet werden. Gehen Sie deshalb in der Reihenfolge der Geschwindigkeit vor.

3. *Wo beginne ich bei der Deutung eines Planeten?*

Sie haben für jeden Planeten die Möglichkeit, ihn nach vier Kriterien zu untersuchen:

– nach seiner Position im Tierkreis,

– nach seiner Position im Häuserkreis,

– nach den Beziehungen, die er zwischen den Häusern aufbaut (Häuserherrscher),

– nach den Aspekten, die er empfängt und die er verteilt.

Auch hier gilt wieder: je individueller, um so wichtiger. Dies bedeutet, daß sie sich als erstes für die Position und die Beziehungen eines Planeten im Häuserkreis interessie-

ollten. Diese Erkenntnisse können Sie dann über die
kte zu anderen Planeten modifizieren und verfeinern.
Zuletzt können Sie die Position eines Planeten in seinem
Tierkreiszeichen betrachten. Ich empfehle Ihnen jedoch,
nur diejenigen Planeten zu berücksichtigen, die schnell
genug sind, so daß Ihre Zeichenposition noch individuelle
Aussagekraft besitzt, in erster Linie bezieht sich dies auf
den Mond, vielleicht noch auf die Sonne und Merkur.

Diesen sehr einfachen und meines Erachtens sehr plausi-
blen Überlegungen folgt das Interpretationssystem der
Regelkreise, wie es von Michael Roscher in seinem *Kybernetischen Modell* entwickelt wurde und das ich in meiner
Deutungspraxis mit Erfolg anwende. Dieses System setzt
bewußt an den individuellsten Faktoren im Horoskop an.
Dabei betrachtet es die Planeten nicht als isolierte Faktoren, sondern weist ihnen im Gefüge des Horoskops einen
klar umrissenen Stellenwert zu und verbindet sie zu einem
dynamischen Netz, in dem die Planetenprinzipien in vier
Gruppen sortiert werden, die wiederum gemäß ihrer typischen Eigenschaften vier Ebenen des Wirklichkeitszuganges eines Menschen beschreiben:

1. Der *erste Regelkreis* aus *Mond, Merkur* und *Sonne*
beschreibt die grundlegende Wirklichkeit eines Menschen,
auf der seine gesamte Persönlichkeit aufbaut.

2. Der *zweite Regelkreis* aus *Venus* und *Mars* behandelt
die Interaktion dieser Persönlichkeit mit der Umwelt des
Menschen.

3. Der *dritte Regelkreis* aus *Jupiter* und *Saturn* thematisiert den Zugang zur sozialen Wirklichkeit eines Menschen, d. h. sein Verhältnis zu den gesellschaftlichen Bedingungen, in denen er lebt.

184

4. Der *vierte Regelkreis* ordnet *Neptun, Uranus* und *Pluto* zu überpersönlichen Faktoren im Horoskop, die theoretisch einen Zugang zu höheren Wirklichkeiten bieten, in der Praxis aber eher Themen verkörpern, die sich scheinbar dem Zugriff unserer Kontrolle durch die Persönlichkeit entziehen.

Wie Sie sehen, erfüllt dieses System alle oben geforderten Kriterien und ermöglicht zugleich, Schwerpunkte der Interpretation zu setzen und sie Schritt für Schritt aufzubauen. Man beginnt beim ersten Regelkreis, da nichts unseren persönlichen Zugang zur Wirklichkeit eindrucksvoller und umfassender beschreibt als die Dynamik zwischen Mond, Merkur und Sonne. Man könnte auch sagen, daß bereits die detaillierte Analyse dieser drei Prinzipien mehr Aussagen über einen Menschen zulassen als alle restlichen Faktoren des Horoskops zusammengenommen, die im Grunde nur noch Details liefern.

Für unsere Zwecke genügt es, wenn wir uns das Prinzip des ersten Regelkreises näher anschauen und daraus praktische Deutungsempfehlungen entwickeln. Diese sollen zum Abschluß als Leitfaden für die Interpretation unseres Beispielhoroskops dienen, das Sie bisher begleitet hat.

Der erste Regelkreis

Mond, Merkur und Sonne bilden das Trio der persönlichen Planeten: Die Kombination aus diesen drei Faktoren legt den Grundstein für das, was man die ganz individuelle Art, sich eine Wirklichkeit aufzubauen, nennen könnte:

185

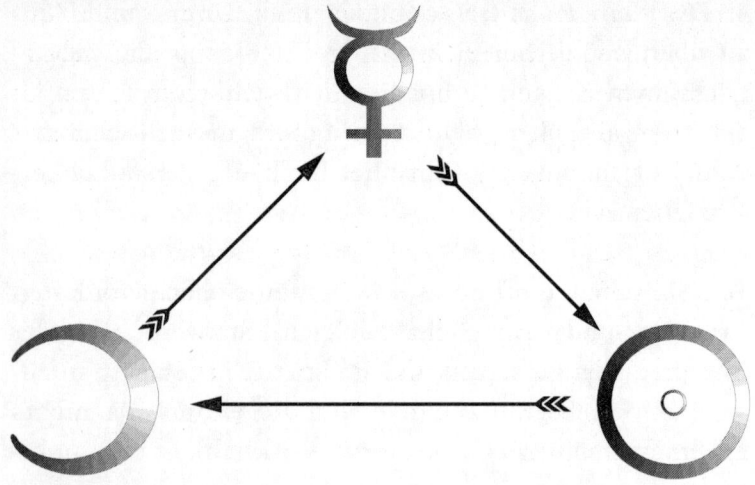

Abbildung 6: Der erste Regelkreis

Der *Mond* ist zuständig für die Aufnahme aller Eindrücke, die ununterbrochen auf uns einströmen. Wenn er nicht wäre, würden wir in dieser Flut an Reizen und Signalen förmlich ertrinken, denn er filtert wie eine getönte Brille ein ganz bestimmtes Spektrum aus dieser Fülle, trifft eine Vorauswahl und legt damit fest, was überhaupt für uns Bedeutung besitzt und welche Eindrücke zu Bausteinen unserer Wirklichkeit werden können.

Merkur hingegen verarbeitet diese Eindrücke zu sinnvollen Informationen: Er sortiert das ankommende Material und entscheidet, was davon im Augenblick Verwendung finden soll und was nicht. Dazu steht ihm das gesamte Netz archivierter Erfahrungen zur Verfügung, mit denen er die Eindrücke vergleicht und ihnen Bedeutungen zuweist. Indem Merkur bekannte Informationen mit neuen Eindrücken verbindet, ermöglicht er, uns auch in unbekann-

186

ten Situationen zurechtzufinden und die passende Antwort auf sich verändernde Umweltbedingungen zu geben. Diese Antwort verkörpert die *Sonne*: Sie reagiert auf das Erfahrene und setzt es in eine Äußerung um, seien dies Gefühle, Handlungen, Gedanken etc. Dabei drückt sie diesen ihren typischen Stempel auf. Für uns und für unsere Umwelt ist sie der sichtbare Teil der Persönlichkeit, mit dem wir uns identifizieren. Jeder Ausdruck unserer Persönlichkeit aber bewirkt wiederum eine Veränderung der ursprünglichen Ausgangsbedingungen. Damit schließt sich der Kreis, denn diese werden wieder vom Mond als Eindrücke aufgenommen.

Praktische Vorgehensweise
Gehen Sie bei der praktischen Umsetzung des ersten Regelkreises am besten so vor:

1. Betrachten Sie den *Mond*...
(a) ...in seiner Stellung im *Tierkreiszeichen:* Diese gibt Auskunft darüber, welche ganz allgemeine Grundempfindung unsere Wahrnehmung einfärbt. Sie entspricht der Qualität des Wahrgenommenen.
Frage: Wie nehme ich die Wirklichkeit wahr?

(b) ...in seiner Position im *Häuserkreis*: Sie zeigt uns, auf welchen Lebensbereich wir unsere Wahrnehmung richten. Hier finden wir die »Bausteine«, aus denen wir unsere Wirklichkeit konstruieren.
Frage: Was nehme ich wahr?

(c) ...als *Häuserherrscher*: Das Haus, über das er in einem Horoskop herrscht, gibt uns Auskunft darüber, welchen

Auftrag der Mond in der Wahrnehmung mit sich führt, welcher Lebensbereich automatisch angesprochen wird und welchem die Wahrnehmungen in erster Linie dienlich sind.

Frage: Wozu dienen meine Wahrnehmungen?

(d) ... und die *Aspekte*, die er empfängt: Diese zeigen, welche weiteren Lebensthemen die aktive Konstruktion der Wirklichkeit entweder fördern oder hemmen.

Frage: Wovon wird meine Wahrnehmung zusätzlich beeinflußt?

2. Untersuchen Sie *Merkur* ...

(a) ... in seiner Position im *Häuserkreis*: Das Haus, in dem sich Merkur befindet, gibt Aufschluß darüber, welche Strategien bei der Verarbeitung der wahrgenommenen Eindrücke bevorzugt werden, nach welchen Kriterien sie sortiert und organisiert werden.

Frage: Wie und wo verarbeite ich meine Eindrücke?

(b) ... als *Häuserherrscher*: Das Haus, aus dem Merkur in einem Horoskop kommt, zeigt uns, welcher Lebensbereich diese Strategie »in Auftrag« gegeben hat und welchem sie letztlich zugute kommen soll.

Frage: Welcher Lebensbereich profitiert von meiner Eindrucksbewältigung?

(c) ... und die *Aspekte*, die er empfängt: also, welche Lebensbereiche sich in förderlicher oder gar hemmender Weise in die Verarbeitung der Wahrnehmung einmischen.

Frage: Wovon wird meine Eindrucksverarbeitung zusätzlich beeinflußt?

3. Schließlich widmen Sie sich der *Sonne*...

(a) ...in ihrer Position im *Häuserkreis*: Das Haus gibt an, auf welche Weise und in welchem Lebensbereich ich die Strategien der Eindrucksbewältigung umsetze. Sie offenbart den Ausdruck meiner Persönlichkeit und die Ebene ihrer Verwirklichung.

Frage: Welche typischen Verhaltensweisen lege ich an den Tag?

(b) ...als *Häuserherrscher*: Das Haus, über das die Sonne in einem Horoskop herrscht, vermittelt den Grund unseres Verhaltens, d.h., warum wir uns so und nicht anders benehmen.

Frage: Welche Motivationen liegen meinen Handlungen zugrunde?

(c) ...und die *Aspekte*, die sie empfängt: Sie zeigen, welche anderen Lebensbereiche zum Ausdruck meiner Persönlichkeit in fördernder oder hemmender Weise beitragen.

Frage: Welche zusätzlichen Themen fließen in mein Verhalten mit ein?

Beachten Sie: Merkur herrscht im Horoskop mindestens über zwei Häuser, da er auch in zwei Tierkreiszeichen zu Hause ist, nämlich in den Zwillingen und in der Jungfrau. Für den ersten Regelkreis aber interessiert uns nur das Haus als Ausgangsort des Merkur, an dessen Spitze sich die Jungfrau befindet, da sich die Thematik dieses Zeichens mit dem Begriff der Eindrucksbewältigung am besten verbinden läßt.

189

Beispielhoroskop: Erster Regelkreis

Die Person, die sich hinter dem Beispielhoroskop, das Sie bereits auf die Tierkreiszeichen an den Hauptachsen, nach der Position der Planeten in den Häusern, den Häuserherrscherverhältnissen und den Aspekten untersucht haben, dürfte Ihnen inzwischen in vager und vielleicht etwas wirrer Form bekannt geworden sein. Möglicherweise haben Sie ein bestimmtes Empfinden für diese Person aufgebaut. Jetzt geht es darum, mit Hilfe des ersten Regelkreises diese ungeordneten Informationen zu einem Persönlichkeitsbild zu bündeln.

Auch wenn der erste Regelkreis nicht *alle* Horoskopfaktoren gleichwertig berücksichtigt, werden Sie sehen, wie sich durch ihn eine charakteristische Struktur entwickelt, in die sich die bereits bekannten, aber bruchstückhaft vorhandenen Informationen mühelos eingliedern lassen, ja, erst hier in einen sinnvollen Zusammenhang gestellt werden. Tatsächlich sind wir ganz nahe an diesem Menschen dran, betrachten Wesenszüge, die ihm selbst vielleicht nie wirklich bewußt werden, die sich aber in jeder Handlung, jedem Gefühl und jedem Gedanken seiner Persönlichkeit ausdrücken.

Im Anschluß löse ich das Geheimnis, und Sie erfahren, wessen Horoskop Sie bis hierhin begleitet hat. Sie können dann die gewonnenen Erkenntnisse an der folgenden kurzen biographischen Charakterskizze überprüfen.

1. Mond

(a) *Mond im Tierkreiszeichen Waage*

Mit Mond in der Waage erlebe ich die Welt als einen Ort der Begegnung. Eigentlich bin ich dabei sehr wenig bei mir selbst, sondern erfahre mich am besten über die Beziehungen, die mich mit der Umwelt verbinden. Alles, was um mich herum vorgeht, ist für mich von Interesse. Deswegen habe ich auch keine Schwierigkeiten, zu anderen Kontakt aufzubauen. Ohne den Kontakt zu anderen wäre die Welt für mich ein sehr langweiliger, wenn nicht sogar bedrohlicher Ort. Manchmal fühle ich mich deshalb vielleicht etwas unfrei.

(b) *Mond in Haus* 1
Alles, was ich wahrnehme, beziehe ich in erster Linie auf mich selbst, man könnte auch sagen: Die Welt ist »für mich« da. Ich habe einen sehr instinktiven Zugang zur Welt und nehme viele Eindrücke über mein gut entwickeltes Körpergefühl auf. Gleichzeitig habe ich den Eindruck, daß es in der Welt hauptsächlich darum geht, sich gegen andere durchzusetzen, wobei ich mich nur sehr wenig von den Umwelteinflüssen distanzieren kann und ich mich von allen Dingen schnell verletzt und herausgefordert fühle.

(c) *Mond aus Haus* 10 *in Haus* 1
Typisch für mich ist es, daß ich mich von den sozialen Umständen, in denen ich mich befinde, ganz besonders herausgefordert fühle. Ich spüre, daß ich einen gesellschaftlichen Auftrag verfolge. Deswegen kreist meine Wahrnehmung immer wieder um das Thema, wie ich meine Anlage im Sinne des herrschenden Zeitgeistes am besten ausleben kann. Die Welt ist deshalb auch ein sehr spannungsreicher Ort für mich, weil ich mich oft genug im Widerspruch zwischen den Bedingungen, unter denen ich zu leben habe, und meinen persönlichen Bedürfnissen befinde.

(d) *Mond-Quadrat-Mars*

Dieser Aspekt verstärkt meine aggressive Sicht der Dinge und macht mich noch verletzlicher. Ich fühle mich leicht angegriffen und sehe mich ununterbrochen in der Situation, mich zu verteidigen.

Mond-Trigon-Neptun

Gleichzeitig bin ich sehr sensibel und habe einen guten »Riecher« dafür, zur richtigen Zeit am richtigen Ort zu sein, auch wenn es mir zunächst gar nicht so erscheint.

Mond-Trigon-Pluto

Ich kann meine Wahrnehmung, wenn ich sie einmal auf eine Sache gerichtet habe, auch sehr lange in einem bestimmten Zustand belassen. Für meine Ziele im Leben entwickle ich so kraftvolle emotionale Bilder, daß ich sie über lange Strecken meines Lebens aufrechterhalten kann.

Zusammenfassung: Mond

Auch wenn ich mich nur sehr schlecht als von meiner Umwelt getrennt erleben kann, bin ich im Grunde ein Einzelkämpfertyp, der sich auf sich selbst gestellt sieht und den anderen eher mit Mißtrauen begegnet, um nicht von ihnen verletzt zu werden. Dennoch zieht es mich nicht in die Isolation, sondern ich verfolge mit viel Intuition und Leidenschaft das Ziel, meine Anlagen in der Gesellschaft zu verwirklichen, auch wenn ich dies ganz allein schaffen muß.

2. *Merkur*

(a) *Merkur in Haus* 8

Wenn es darum geht, aus den gewonnenen Eindrücken Strategien für mein Verhalten abzuleiten, so bevorzuge ich klare und eindeutige Standpunkte. Dabei entwickle ich konsequente persönliche Wertmaßstäbe, nach denen ich meine Erfahrungen in »gute« und in »schlechte« einteile, in nützliche und in unbrauchbare, schwarz oder weiß – Graustufen kann ich im Denken nicht zulassen.

(b) *Merkur aus Haus* 12 *in Haus* 8

In diese Art, mit den Eindrücken umzugehen, fließt jedoch mein Wunsch ein, mich frei von den Konventionen der Gesellschaft zu bewegen. Ich möchte im Grunde ihre Wertmaßstäbe nicht zu meinen machen müssen. Deswegen habe ich eine ganz eigene Form der Moral gefunden, die letztlich auch dazu dienen soll, mich gesellschaftlich darzustellen.

(c) *Merkur-Konjunktion-Sonne*

Bei allem, was ich mir so über die Welt gedanklich zurechtlege, sehe ich mich als Mittelpunkt und Ausgangspunkt der Geschehnisse. Ich selbst bin mir der beste Wertmaßstab.

Merkur-Opposition-Uranus

Wenn dies alles nur so einfach wäre! Ich selbst schlage mit meinen Vorstellungen darüber, wie ich mit den Erfahrungen meines Wirklichkeitszuganges umzugehen habe, extreme Haken. Es gelingt mir nicht, wirklich bei einer Sache zu bleiben, und von heute auf morgen kann sich meine Weltsicht schlagartig verändern. Oftmals stehe ich vor der Situation, daß ich mit meinen Wertmaßstäben an der Realität vorbeilebe und mein Leben völlig umkrempeln muß.

Zusammenfassung: Merkur

Meine Impulse, auf deren Grundlage ich meine Wirklichkeit aufbaue, sind geprägt von dem Empfinden, mich gegen die Herausforderungen der Welt durchsetzen zu müssen. Die Erfahrungen verarbeite ich tendenziell zu einer recht dogmatischen Weltsicht, was insofern nicht unbedingt ungünstig ist, da ich wenigstens trotz der empfundenen Unsicherheit alle Informationen zugunsten sehr klar formulierter Ziele strukturieren kann. Allerdings ist dies noch keine Aussage darüber, wie zuverlässig diese Ziele selbst sind und sie nicht in sich zusammenbrechen, sobald der Wind des Schicksals aus einer anderen Richtung weht...

3. Sonne

(a) Sonne in Haus $\boxed{8}$

Die Handlungen, die ich aus dieser Strategie ableiten kann, entsprechen meiner durchaus dogmatischen und prinzipientreuen Denkweise. Was ich mir in den Kopf gesetzt habe, bemühe ich mich in der Handlung durchzuziehen. Vielleicht erhält meine Persönlichkeit dadurch in manchen Fällen einen etwas inflexiblen Zug und ich wirke auf manche etwas uneinsichtig und zu sehr auf meine eigenen Vorstellungen bezogen. Tatsache ist, daß ich nur das sinnvoll in die Tat umsetzen kann, woran ich wirklich glauben kann. Mein Verhalten soll einfach verbindlich und konsequent sein.

(b) Sonne aus Haus $\boxed{11}$ in Haus $\boxed{8}$

Mit meinem Verhalten erfülle ich letztlich den Auftrag, mit meiner Individualität einen Platz in der Gesellschaft zu finden. Da ich als etwas Besonderes erkannt werden möchte, wirken meine Handlungen oftmals so gar nicht im Sinne der gesellschaftlichen Normen, und das, was mein Verhalten auszeichnet, ist oft das Gegenteil von dem, was die Konvention erwartet. Vielleicht mache ich auf einige deshalb einen recht originellen Eindruck, andererseits kann mich dies auch in Schwierigkeiten bringen, wenn ich mich zu sehr von dem entferne, was als anständig und gehörig empfunden wird.

(c) Sonne-Opposition-Uranus
Dieser Aspekt verstärkt das soeben Gesagte, denn auch er verweist darauf, daß ich dazu neige, im Persönlichkeitsausdruck ungewöhnliche Züge zu vereinen. Dadurch entziehe ich mich auf der einen Seite den üblichen Bewertungskriterien der Gesellschaft und mache mich dadurch prinzipiell unangreifbar, weil ich in meiner einmaligen Position nicht beurteilt werden kann. Dies kann nur so lange gut gehen, wie ich mich erfolgreich den Wertmaßstäben anderer entziehen kann. Sobald ich an einem persönlichen Problem gepackt werde und ich dadurch meinen Sonderstatus und meine Souveränität verliere, kommt es unweigerlich zur Krise und zum Zusammenbruch...

Zusammenfassung: Sonne
In meinem Verhalten unterliege ich förmlich dem Zwang zum Besonderen. Ich möchte mich auf irgendeine Weise von der Masse abheben, mich von ihr distanzieren und mich ihr entziehen. Aufgrund meiner Verletzlichkeit (Mond) möchte ich mich über die Dinge erhaben sehen, ich möchte nicht den üblichen Maßstäben untergeordnet sein. Das Bild, daß ich von mir dazu entwerfe, muß sich konse-

quent und folgerichtig in meinen Handlungen äußern. Es wäre das Schlimmste, wenn es jemandem gelänge, an meiner Fassade zu rütteln ...

Biographische Charakterskizze

> »Frauen lieben nicht mich, sondern mein Abbild im Film; ich bin bloß eine Leinwand, auf der Frauen ihre Träume malen.«
> *Rudolfo Valentino*

Es handelt sich um das Horoskop von *Rudolfo Valentino*, einem Stummfilmstar und dem ersten männlichen Sexsymbol der Filmgeschichte.

Valentino wurde am 6. Mai 1895 in Castellanata, Italien, um 15:00 MET geboren. *»Wo der heiße und sandschwere Atem der Wüste Sahara über das Mittelmeer weht und die weißen Wände der Häuser in rote verwandelt, die Luft mit karmesinfarbenem Staub erfüllt – in der kleinen ländlichen Stadt Castellanata erblickte ich das Licht der Welt«*, schreibt er in einem Artikel mit dem bezeichnenden Titel *Die romantische Geschichte des abenteuerlichen Lebens von Rudolfo Valentino*.

Sein Vater war ein strenger und autoritärer Mensch, der sich als Bakteriologe einen Namen gemacht hatte, seine Mutter dagegen liebte ihn abgöttisch. In seiner Jugend hatte er Schwierigkeiten, sich an die Disziplin und strengen Regeln der Schulen zu halten, die er besuchte, so daß er mehrfach verwiesen wurde. Er selbst sah die Ursache dafür in seiner ewigen Unruhe: *»Ich war nie still; immer unterwegs, immer ungeduldig, zweifelsohne ein Hitzkopf und einem Leben voller Aufregungen zugetan.«* Immer aber hatte er hohe Ziele, die er mit seinen Ausbildungen

Rudolfo Valentino
Porträt von James Abbe, um 1923.

verband, und wenn er sich nicht selbst durch seine undis-
ziplinierte Art ins Abseits begab, so erlebte er aus anderen
Gründen immer wieder heftige Enttäuschungen: So hatte
er den Traum von einem Leben auf den Weltmeeren und
beschloß, sich der Marine anzuschließen. *»Ich studierte*

Tag und Nacht, verkonsumierte unzählige Zigaretten und Dutzende Tassen Kaffee, und dann – wurde ich abgewiesen, weil mir ein Inch Brustumfang fehlte.« Schließlich wurde er diplomierter Landwirt. Mit siebzehn hielt er es nicht mehr länger aus, verließ Italien und zog nach Paris und Monte Carlo, wo er seines Vaters Erbanteil verpraßte. Als ihm schließlich das Geld völlig ausging und immer noch keine Karriere in Aussicht war, kehrte er, das schwarze Schaf der Familie, nach Hause zurück. *»Ich glaube nicht, daß ich wirklich ein schlechter Mensch war, aber diese Ruhelosigkeit, die an mir haftete . . ., gönnte mir keine Pause. Ich war wie ein nervöses Pferd, das sich an seinem Zaumzeug wund scheuert; ungeduldig danach trachtend, immer etwas anderes zu tun.«* Schon bald verspürte er einen neuen Lockruf: Amerika. Im Dezember 1913 überquerte er den Großen Teich mit dem Ziel New York. Diese Stadt war für ihn, der kaum ein Wort Englisch sprach, eine harte Schule: *»Alle Aussichten, mir eine Position zu sichern, die dessen würdig sei, was ich für meine Talente hielt, schienen weit entfernt.«* Allerdings gelang es ihm, sich mit Hilfe der vielen Bekanntschaften, die er machte, irgendwie durchzuschlagen. Bald ging ihm hoffnungslos das Geld aus. Er gab nicht auf und wollte sich unbedingt als Landwirt betätigen. Tatsächlich geriet er eines Tages an einen reichen Mann, der ihn damit beauftragte, eines seiner Grundstücke zu gestalten. Doch auch diese Hoffnung zerschlug sich bald: Noch bevor er beginnen konnte, kam die Ehefrau seines Auftraggebers zurück und entschied sich, aus den ursprünglich geplanten Gärten einen Golfplatz zu machen. Valentino war am Ende seiner Kräfte, mit den Dollars waren auch seine Freunde verschwunden, und er war ganz auf sich allein gestellt. »*Weiß der Himmel, was geschehen wäre, wenn ich nicht zufällig eines Nachts das Maxim aufgesucht hätte. Der Dirigent des Orchesters war einer der wenigen Freunde, die mir geblieben waren... Er sagte zu mir: ›Warum eigentlich wirst du hier nicht Tänzer?‹*« Und so wurde Valentino Gigolo, der für Geld mit einsamen Frauen tanzte – eine Vorstellung, die ihm zunächst überhaupt nicht behagte, denn Tanzen war für ihn nicht unbedingt die Beschäftigung für einen echten Mann. So entschloß er sich, seinen Stolz zu begraben. Von diesem Augenblick an wendete sich das Blatt, und er lernte die richtigen Leute zum richtigen Zeitpunkt kennen. Schließlich landete er beim Film, wo ihm der Durchbruch gelang und er zum Star wurde. Tatsächlich begann hier das, was ihm auf anderen Gebieten versagt wurde: Er fand eine Berufung, gekrönt von unglaublichem Erfolg. »*Ich strebe Natürlichkeit in jeder Rolle an. Ich besitze ein Gespür für Literatur und Kunst... und sicherlich habe ich eine starke Neigung zu allem Schönen, ja dem Arabesken.*«

Der Rest der Geschichte ist rasch erzählt: 1919 heiratete er Hals über Kopf, doch die Ehe endete in einem Fiasko, und es kam noch am selben Tag zur Trennung. 1923 heiratete er ein zweites Mal – auch hier kam es zum Debakel, diesmal jedoch, weil die Scheidung von seiner ersten Frau noch nicht gesetzlich anerkannt war: Er wurde der Bigamie beschuldigt, verhaftet und mußte eine Buße von $ 10 000 bezahlen. Aber auch die zweite Ehe zerbrach bereits nach zwei Jahren: Der begehrteste Mann Hollywoods war wieder zu haben, und zahlreiche Liebschaften begleiteten ihn von nun an auf seinem Weg. Als er sich 1926 auf einer Promotiontour für seinen neuen Film *The Son of the Sheikh* machte, bezichtigte ihn ein Journalist der *Chicago Tribune* der Verweichlichung des amerikanischen Männlichkeitsideals – damit indirekt der Homosexualität. Valentino fühlte sich in seiner Ehre als Mann zutiefst verletzt und antwortete in einem offenen Brief, in dem er den Verfasser der Verleumdung beschuldigte und ihn dazu aufforderte, sich ihm in einem Boxkampf, Mann gegen Mann, zu stellen. Der Kampf fand jedoch niemals statt: Kurze Zeit später wurde Valentino mit einem perforierten Magengeschwür in ein Krankenhaus eingeliefert, gefolgt von einer schweren Blutvergiftung nach dem chirurgischen Eingriff. Am 23. August starb er im Alter von 31 Jahren. Zu seinem Begräbnis in New York kamen 80 000 Fans, um sich vom schönsten Mann der damaligen Zeit zu verabschieden, während aus einem Flugzeug Rosenblätter über den Begräbniszug herabregneten...

Ich hoffe, es ist mir gelungen, Sie anhand dieses astrologischen Porträts ein wenig auf den Geschmack gebracht zu haben, sich mit der Interpretation von Horoskopen auch weiterhin auseinanderzusetzen. Wenn Sie sich nicht sofort an die Horoskope Ihrer Verwandtschaft und Bekanntschaft wagen wollen, finden Sie im Anschluß zwei weitere Beispielhoroskope prominenter Persönlichkeiten, an denen Sie Ihr Wissen ausprobieren können. Wenn Sie wollen, können Sie mir gerne die Ergebnisse Ihrer Interpretationsversuche zukommen lassen – vielleicht kann ich Ihnen auf diese Weise zu mehr Sicherheit im Umgang mit Horoskopen verhelfen. Meine Kontaktadresse finden Sie auf Seite 263.

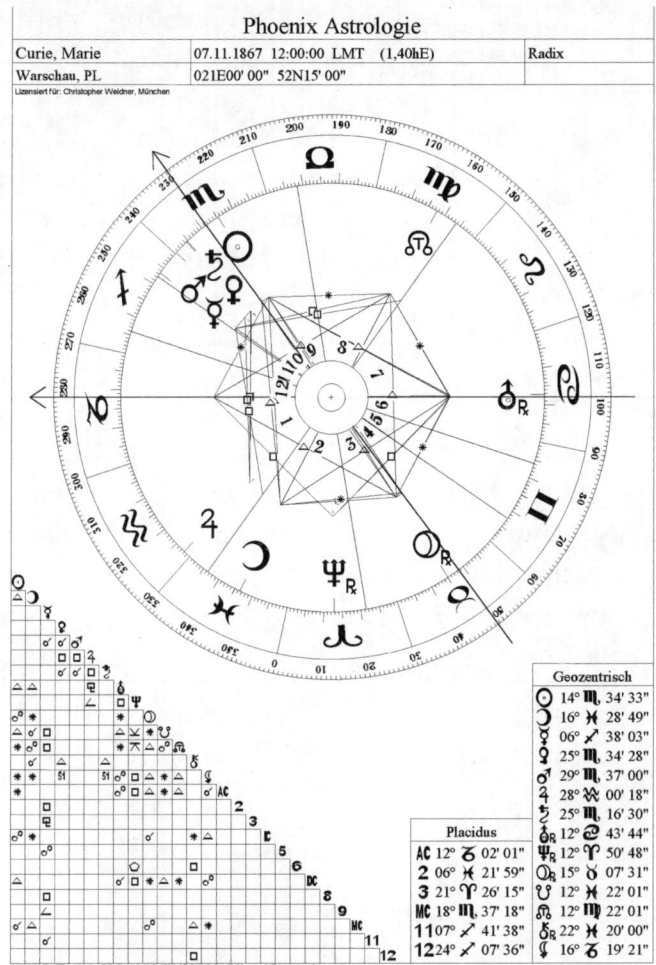

Abbildung 7: Horoskop von Marie Curie

Beachten Sie bitte: Ein Planet, der im letzten Sechstel eines Hauses steht, zählt bereits zum Folgehaus. Dies gilt hier für Sonne, die nach Haus 10 geht, Merkur nach Haus 11 und Pluto nach Haus 4. (Vgl. Anmerkung 24, S. 255)

201

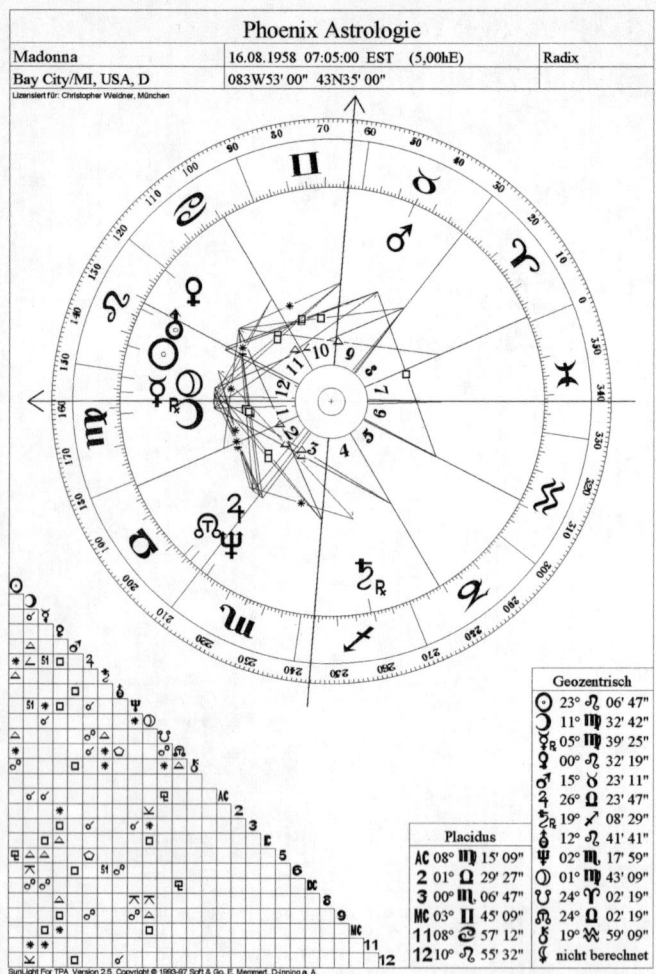

Abbildung 8: Horoskop von Madonna

Auch hier gilt: Merkur steht im letzten Sechstel von Haus 12 und zählt deshalb nach Haus 1. Dasselbe gilt für Jupiter, der so gesehen in Haus 3 steht.

Grundlagen der astrologischen Anschauung

Die Bewegung der Erde

Tafel I.1.: Die Umlaufbahn der Erde um die Sonne

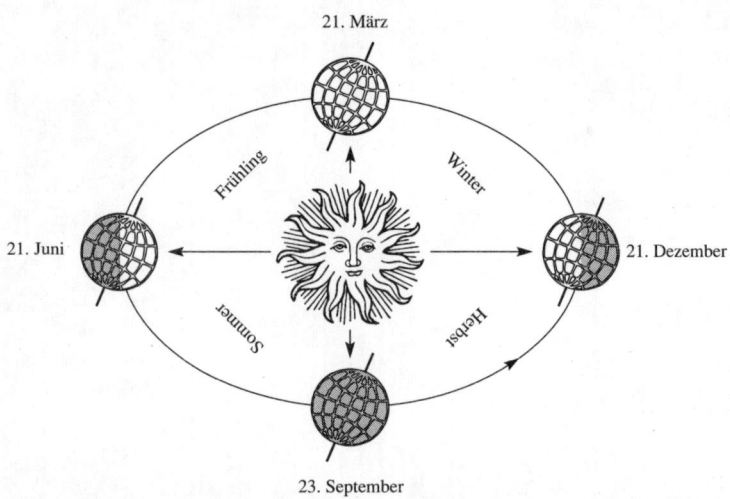

Die Astrologie leitet ihre Bedeutungen aus zwei grundlegenden Bewegungen der Erde ab: 1. Die Umlaufbahn der Erde um
die Sonne und 2. die Rotation der Erde um ihre eigene Achse
(✔ Tafel I.2.).
Der Umlauf der Erde um die Sonne bildet die Grundlage für den
Tierkreis und seine aus den Jahreszeiten abgeleiteten Bedeutungen (✔ Tafel III.1.ff). Die unterschiedlichen Positionen der Sonne
und die damit einhergehende Veränderung des Einfallswinkels
ihrer Strahlen bewirken die Entstehung der Jahreszeiten. Wie auf
der Abbildung zu erkennen ist, bestrahlt die Sonne am 21. Juni
die nördliche Hälfte der Erdhalbkugel: Sie steht hoch über dem
Horizont, und wir haben Sommer. Am 21. Dezember bestrahlt
sie die südliche Halbkugel, und dort ist Sommer, während sie bei
uns tief überm Horizont steht und wir Winter haben.

Tafel I.2.: Die Rotation der Erde um ihre eigene Achse

Die Rotation der Erde um ihre eigene Achse ist die Ursache für den Wechsel von Tag und Nacht und ist die Grundlage für den Kreis der zwölf Häuser (☛ Tafel IV.1.ff).

Für eine Rotationsperiode benötigt die Erde etwa 24 Stunden. Im Laufe eines Jahres variiert das Verhältnis von Tag und Nacht je nach vorherrschender Jahreszeit: Im Sommer sind die Tage länger als die Nächte, und im Winter sind sie kürzer. Dies liegt an der Schrägstellung der Erdachse: So ist der Äquator um 23,5° zur Umlaufbahn der Erde geneigt.

Das Horoskop

Tafel II.1.: Die Horoskopgrafik

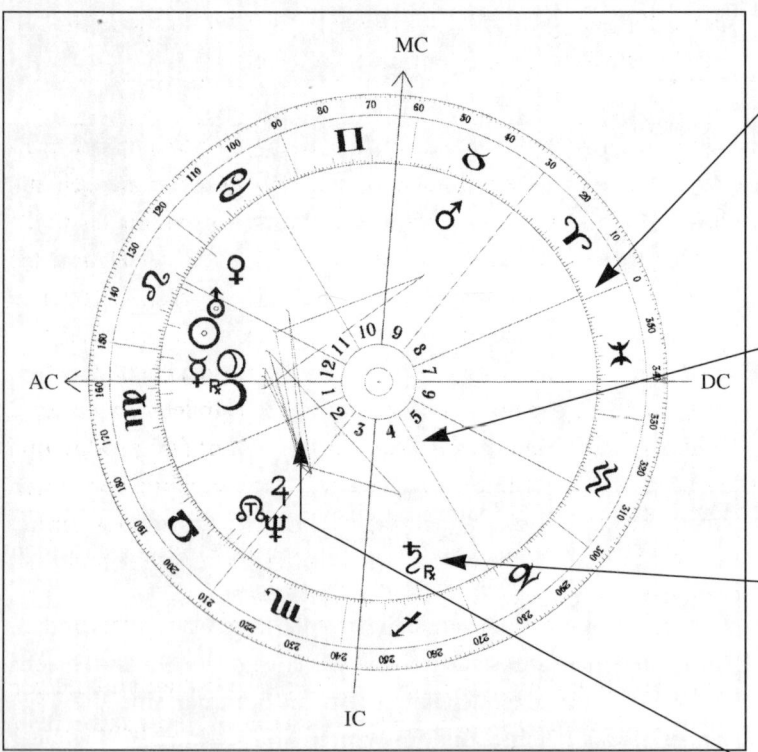

Definition: Ein Horoskop ist die Darstellung der Gestirnstände zu einem bestimmten Zeitpunkt und an einem bestimmten Ort. Es bildet keine Sterne ab, sondern die Positionen der Planeten bezogen auf den Tierkreis und ihre Höhe über oder unter dem Horizont.

Der Tierkreis: Der Tierkreis bildet den äußeren Kreis der Horoskopgrafik und ist in zwölf gleich große Abschnitte unterteilt, die Tierkreiszeichen, was 360° des ganzen Kreises und je Zeichen 30° ausmacht. Der Tierkreis wird entgegen dem Uhrzeigersinn gezählt und beginnt bei 0° Widder.

Die Häuser: Wie die Speichen eines Rades spannt sich der Kreis der zwölf Häuser im Horoskop auf. Vom Zentrum ausgehend, das den Standort des Betrachters markiert, führen die ebenfalls entgegen dem Uhrzeigersinn geführten Spitzen der Häuser bis an den Tierkreis. Da sich jeweils zwei Häuserlinien stets genau gegenüber liegen, spricht man auch von sechs Häuserachsen. Zwei dieser Achsen sind durch ihre Pfeilspitzen besonders hervorgehoben: Stets horizontal gezeichnet verbindet sich das erste und das siebte Haus zur Achse von *Aszendent (AC)* rechts und *Deszendent (DC)* links. Die zweite Achse verläuft von unten nach oben und verbindet das vierte und das zehnte Haus: *Imum Coeli (IC)* und *Medium Coeli (MC)*. Diese beiden *Hauptachsen* teilen den Häuserkreis in vier *Quadranten*.

Die Planeten: An den Tierkreis geheftet sind die Symbole der zehn Planeten, zu denen auch Sonne und Mond zählen. Der Tierkreis dient dazu, die Positionen der Planeten zu bestimmen: So befindet sich in diesem Horoskop die Sonne im Tierkreisabschnitt Löwe, Mars im Tierkreisabschnitt Stier.

Die Aspekte: Linien verbinden die Positionen der Horoskopfaktoren, beispielsweise die der Planeten zu einem Netzwerk. Sie kennzeichnen besondere Winkelabstände zwischen ihnen, sogenannte *Aspekte*, denen eine bestimmte Qualität der Beziehung entsprechen.

207

Tafel II.2.: Das geozentrische Weltbild im Horoskop

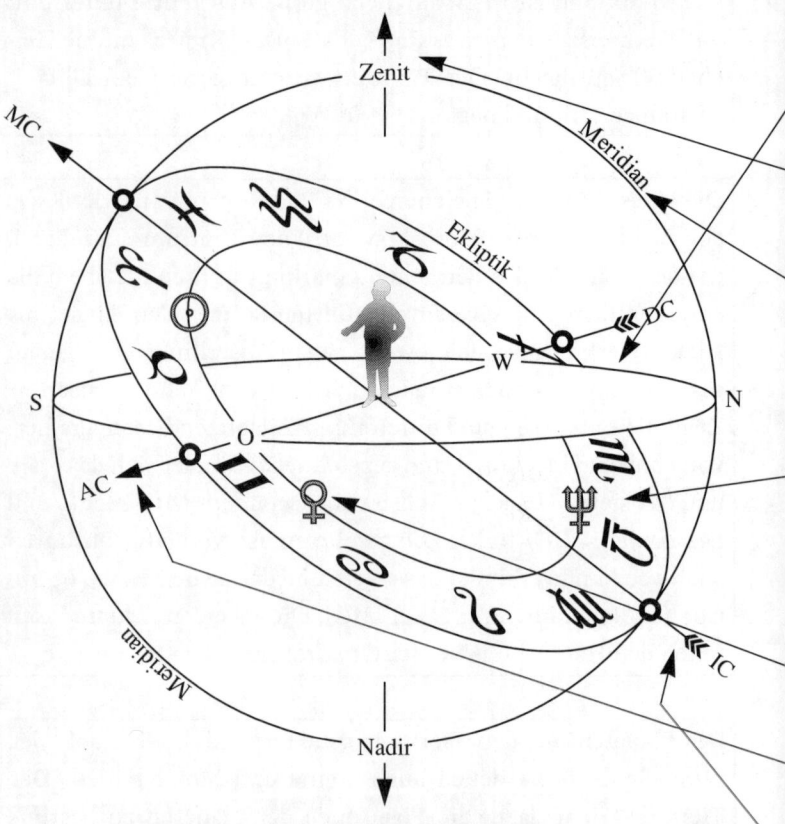

Im geozentrischen Weltbild betrachtet man die Verhältnisse am Himmel so, wie sie sich dem Beobachter auf der Erde augenscheinlich darstellen. Die Erdkugel wird als ruhender Mittelpunkt des Universums empfunden, das sich wie eine riesige Hohlkugel mit den Sternen in vierundzwanzig Stunden einmal von Ost nach West um die Erde dreht. Neben den *Fixsternen*, die unverrückbar an den Himmel geheftet zu sein scheinen, gibt es eine Anzahl *wandernder Sterne*: die Planeten.

Der Horizont: Der Horizont oder *Gesichtskreis* teilt die Himmelskugel in eine obere und in eine untere Hälfte, in eine sichtbare und eine unsichtbare. In der zweidimensionalen Projektion des Horoskops wird er durch die Aszendent-Deszendent-Achse vetreten.

Zenit: Der Zenit (arabisch: »über den Köpfen«) ist jener Punkt an der Himmelskugel, der genau senkrecht *über* dem Betrachter zu finden ist. Genau *unter* den Füßen des Betrachters liegt der **Nadir**.

Meridian: Zeichnet man einen Kreis von Norden über den Zenit nach Süden und wieder zurück über den Nadir, erhält man den *Meridian*.

Die Ekliptik: Alle Planeten sowie Sonne und Mond scheinen sich mehr oder weniger auf einer Ebene um die Erde herum zu bewegen. Diese Ebene heißt *Ekliptik*. Ihr entspricht im Horoskop der Tierkreis, dessen Tierkreiszeichen durch eine Zwölfteilung dieser Laufbahn zustande kommt. Die Ekliptik liegt je nach Ort auf der Erde unterschiedlich schief zum Horizont geneigt.

Planeten besitzen zwei Bewegungen: die tägliche Bewegung mit dem Himmelsgewölbe von *Ost* nach *West* und eine eigene Bewegung auf der Ekliptik in entgegengesetzter Richtung, von *West* nach *Ost*.

Aszendent und Deszendent: Der Aszendent (AC) im Horoskop entspricht der Stelle der Ekliptik/des Tierkreises, welche gerade am Horizont im *Osten* aufgeht. Der Deszendent (DC) ist die gegenüberliegende Stelle der Ekliptik im *Westen*, welche gerade untergeht.

Medium Coeli und Imum Coeli: Dort wo der Meridian die Ekliptik/den Tierkreis *über* dem Horizont schneidet, befindet sich das Medium Coeli (MC) (»Himmelsmitte«). Genau gegenüberliegend *unterhalb* des Horizonts liegt das Imum Coeli (IC) (»Himmelstiefe«).

Tafel II.3.: Die Horoskopgrafik lesen

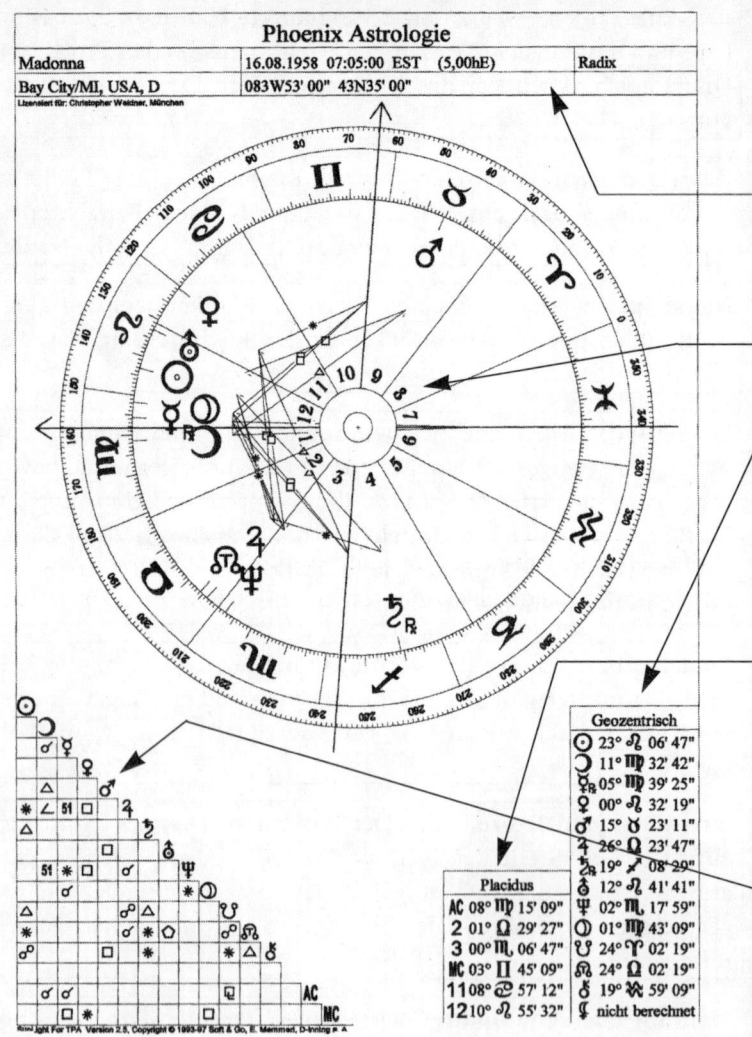

Phoenix Astrologie

Madonna	16.08.1958 07:05:00 EST (5,00hE)	Radix
Bay City/MI, USA, D	083W53' 00" 43N35' 00"	

Lizensiert für: Christopher Weidner, München

Kowi JgN For TPA Version 2.5, Copyright © 1993-97 Soft & Co, R. Memmert, D-Inning # A

Geozentrisch

☉	23° ♌ 06' 47"
☽	11° ♍ 32' 42"
☿℞	05° ♍ 39' 25"
♀	00° ♌ 32' 19"
♂	15° ♉ 23' 11"
♃	26° ♌ 23' 47"
♄℞	19° ♐ 08' 29"
♅	12° ♌ 41' 41"
♆	02° ♏ 17' 59"
♇	01° ♍ 43' 09"
☊	24° ♈ 02' 19"
☋	24° ♎ 02' 19"
⚷	19° ♒ 59' 09"
⚵	nicht berechnet

Placidus

AC	08° ♍ 15' 09"
2	01° ♎ 29' 27"
3	00° ♏ 06' 47"
MC	03° ♊ 45' 09"
11	08° ♋ 57' 12"
12	10° ♌ 55' 32"

210

So oder so ähnlich sieht der Ausdruck einer Horoskopgrafik aus. Neben dem eigentlichen Horoskop enthält es weitere wichtige Details.

Der Horoskopkopf: Hier finden sich alle wichtigen Daten, die nötig sind, um ein Horoskop zu erstellen: Geburtstag, Geburtszeit mit Zeitzone, die Koordinaten (Länge und Breite) des Geburtsortes.

Die Horoskopgrafik

Die Planetenpositionen in den Tierkreiszeichen in Graden, Bogenminuten und Bogensekunden.

Die Häuserpositionen in den Tierkreiszeichen in Graden, Bogenminuten und Bogensekunden. In der Regel werden nur der AC und das MC sowie die Häuser 2, 3 und 11, 12 angegeben, da sich die restlichen Häuserspitzen auf der gleichen Gradposition im entsprechenden Tierkreiszeichen gegenüber befindet. Darüber die Bezeichnung des verwendeten Häusersystems, hier: Placidus.

Die Aspekttreppe: In der Aspekttreppe sind alle Winkelbeziehungen zwischen den einzelnen Planeten und Häusern erfaßt. Das entsprechende Aspektsymbol befindet sich in dem Kästchen, das die Schnittstelle zwischen der Spalte unterhalb eines Planeten mit der Zeile links von einem anderen Planeten bildet.

Tafel II.4.: Die Symbole im Horoskop

Symbole der Tierkreiszeichen			
♈	WIDDER	♎	WAAGE
♉	STIER	♏	SKORPION
♊	ZWILLINGE	♐	SCHÜTZE
♋	KREBS	♑	STEINBOCK
♌	LÖWE	♒	WASSERMANN
♍	JUNGFRAU	♓	FISCHE

Symbole der Planeten			
☉	SONNE	♃	JUPITER
☽	MOND	♄	SATURN
☿	MERKUR	♅	URANUS
♀	VENUS	♆	NEPTUN
♂	MARS	♇	PLUTO

Symbole der Aspekte			
♂	KONJUNKTION	∠	Halbquadrat
✳	SEXTIL	⊡	Anderthalbquadrat
☐	QUADRAT	⅄	Halbsextil
△	TRIGON	⊼	Quincunx
♂°	OPPOSITION	*Diese Aspekte werden im Rahmen dieses Buches **nicht** behandelt.*	

Weitere Symbole *(werden hier nicht behandelt)*		
☊	aufsteigender Mondknoten	*Die beiden Mondknoten sind der südliche und der nördliche*
☋	absteigender Mondknoten	*Schnittpunkt zwischen Ekliptik und Mondumlaufbahn.*
⚷	Chiron	*Ein Planetoid (?)*
℞	rückläufig	*Neben Planeten: zeigt die Phase der Rückläufigkeit an*
⛢	Uranus	*anderes Symbol für Uranus*
♇	Pluto	*anderes Symbol für Pluto*
☾	Lilith	*Bezeichnung für den zweiten Brennpunkt der Mondumlaufbahn*

Der Tierkreis

Tafel III.1.: Die jährliche Bewegung der Sonne

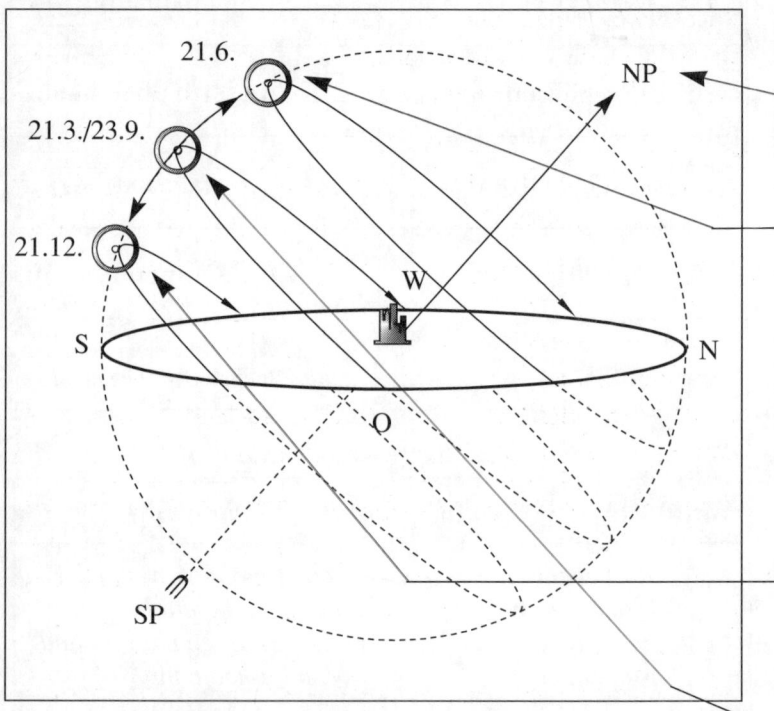

Die Sonne beschreibt einen täglichen Bogen über den Horizont von Osten nach Westen. Unterhalb des Horizonts setzt sie ihren Weg für uns unsichtbar fort: Es ist Nacht. Die Länge von Tag und Nacht variiert über das Jahr gesehen, je nachdem, wie hoch sich der Bogen der Sonnenbahn über bzw. unter dem Horizont spannt. Durch die unterschiedliche Höhe verändert sich kontinuierlich die Sonneneinstrahlung auf die Erde, was die Jahreszeiten hervorbringt.

Himmelsachse: Der gesamte Himmel rotiert einmal am Tag um eine Achse, deren *Nordpol* (NP) sich in der Nähe des Polarsterns befindet. Genau gegenüber (für uns auf der nördlichen Halbkugel der Erde nicht sichtbar) liegt der *Südpol* (SP). Je nachdem, wo auf der Erde ich mich befinde, liegt die Achse mal höher, mal tiefer über dem Horizont: Damit ist auch der Bogen der Sonne mal flacher, mal steiler.

Sommersonnenwende: Um den 21. Juni herum erreicht der tägliche Bogen der Sonne seine höchstmögliche Spannweite. Die Sonne geht weiter nördlich im Osten auf und im Westen unter. Es herrscht der längste Tag im Jahr und die kürzeste Nacht. Man spricht von einer *Sonnenwende*, weil der Eindruck entsteht, als ob an diesem Tage die Sonne umkehrte, um jeden folgenden Tag wieder etwas tiefer über dem Horizont zu laufen. Dieser Tag fällt mit dem *Sommeranfang* zusammen.

Wintersonnenwende: Um den 21. Dezember herum verläuft der tägliche Bogen der Sonne am tiefsten über dem Horizont, während sie weiter südlich aufgeht und untergeht. Jetzt haben wir den kürzesten Tag im Jahr und die längste Nacht. Wiederum scheint sich die Sonne in ihrem jährlichen Lauf zu »wenden« und von da ab jeden Tag etwas höher über den Horizont zu laufen. An diesem Tag beginnt der *Winter*.

Tagundnachtgleichen: Während die Sonne jährlich zwischen den beiden Sonnenwenden hin und her pendelt, erreicht sie zweimal im Jahr eine Position, in der ihr Bogen über dem Horizont genauso groß ist wie ihr Bogen unter dem Horizont: Tag und Nacht sind gleich lang. Auf dem Weg zur Sommersonnenwende geschieht dies um den 21. März, auf ihrem Rückweg zur Wintersonnenwende um den 23. September. Zum einen Datum beginnt der *Frühling*, zum anderen der *Herbst*. An diesen beiden Tagen geht die Sonne genau im Osten auf und im Westen unter.

Tafel III.2.: Die vier Jahreszeiten

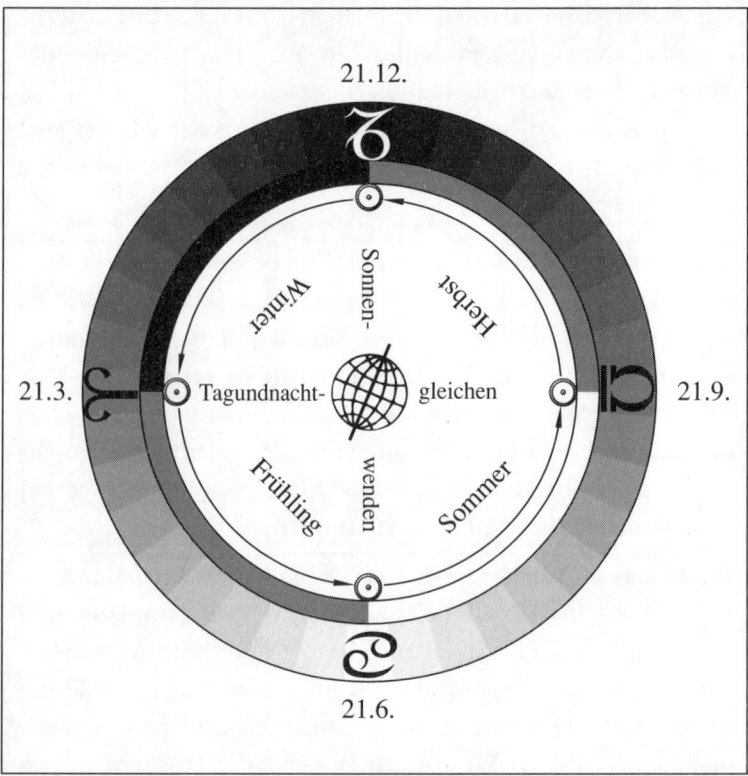

Der Tierkreis bildet die jährliche Pendelbewegung der Sonne von Wintersonnenwende über Tagundnachtgleiche zur Sommersonnenwende und zurück ab: Er stellt sie in Form eines kreisförmigen Verlaufes dar. Die vier Eckdaten der Sonnenbewegung spielen dabei eine besondere Rolle: Sie bilden den Beginn der vier *kardinalen* Tierkreiszeichen:

21.3. **WIDDER**   21.6. **KREBS**   23.9. **WAAGE**
21.12. **STEINBOCK.**

Sie leiten jeweils einen Quadranten des Tierkreises ein, der wiederum die Qualität der entsprechenden Jahreszeit spiegelt.

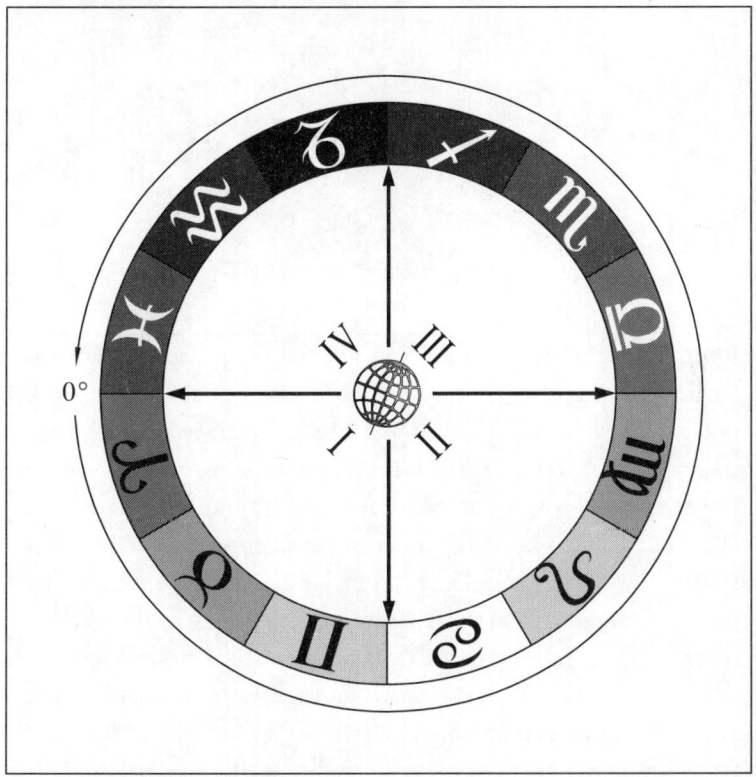

Schließlich wird jeder der vier Quadranten in drei gleich große Abschnitte unterteilt, daraus ergeben sich die *Tierkreiszeichen*, wie wir sie kennen. Jedes einzelne Zeichen umfaßt genau 30° des ganzen Kreises. Gemäß allgemeiner Übereinkunft beginnt der Tierkreis bei 0° mit dem *Widder*, dem *Frühlingspunkt*. Tierkreiszeichen, die einen Quadranten einleiten, heißen *kardinale Zeichen*. Solche, die sich in der Mitte befinden, *fixe Zeichen*, und die letzten Zeichen eines Quadranten nennt man *bewegliche Zeichen*.

Tafel III.4.: Die Ekliptik

Einmal im Jahr umkreist die Erde auf einer elliptischen Bahn die Sonne. Von uns aus gesehen scheint es, als ob sich die Sonne einmal im Jahr um die Erde drehte. Dabei bewegt sie sich auf einer Bahn, die *Ekliptik* genannt wird und die nichts anderes als die Projektion der Erdumlaufbahn an den Himmel ist, vor dessen Hintergrund sich nun die Sonne zu bewegen scheint. Die Ekliptik und ihr Hintergrund wird in zwölf gleich große Abschnitte geteilt, was dem Tierkreis entspricht. Die Sonne durchwandert im Laufe eines Jahres von uns aus gesehen alle Tierkreiszeichen, wobei sie etwa 30 Tage für eines benötigt. Wir sagen dann: »Die Sonne steht im Zeichen des...«

Die Namen der einzelnen Tierkreisabschnitte, wie wir sie kennen, rühren von den *Sternbildern*, die hinter der Sonnenposition vor etwa 4000 Jahren sichtbar gewesen wären. Damals beobachtete man, daß hinter der Sonne zur Frühlings-Tagundnachtgleiche das Sternbild Widder beginnt und benannte deshalb dieses Zwölftel des Jahreskreises nach dieser Fixsterngruppe. Durch einen Präzession genannten, unmerklich langsamen Vorgang (Tafel III.5.) hat sich dieser Fixsternhintergrund über die Jahrhunderte verschoben, so daß es inzwischen keine Übereinstimmung mehr gibt. Die Namen der *Tierkreiszeichen* hat man jedoch beibehalten.

Tafel III.5.: Tierkreiszeichen ≠ Sternbilder

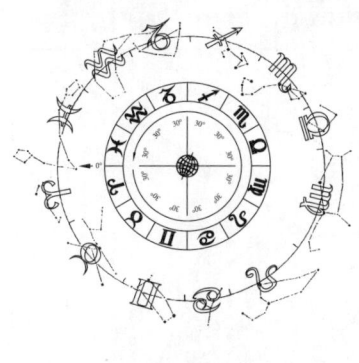

WICHTIG: Tierkreiszeichen sind keine Sternbilder – sie haben nur deren Namen übernommen!

Vor etwa 4000 Jahren:
Die Tierkreiszeichen decken sich mit den gleichnamigen Sternbildern.

Die 0° **WIDDER,** die den Frühlingsbeginn darstellen, befinden sich ungefähr am Anfang des Sternbildes Widder.

Deutlich kann man sehen, daß die Sternbilder sehr unterschiedliche Größen haben, Tierkreiszeichen sind dagegen stets 30° groß.

Heute: Die 0° **WIDDER**, und damit der gesamte Tierkreis, sind weitergewandert und befinden sich heute im Sternbild Fische.

Da die Sternbilder lediglich den Namen gegeben haben, die Bedeutung der Tierkreiszeichen jedoch aus der gleichbleibenden Anschauung des Jahreszyklus entstanden ist, spielt dies für uns keine Rolle.

219

Der Häuserkreis

Tafel IV.1.: Die tägliche Bewegung der Sonne

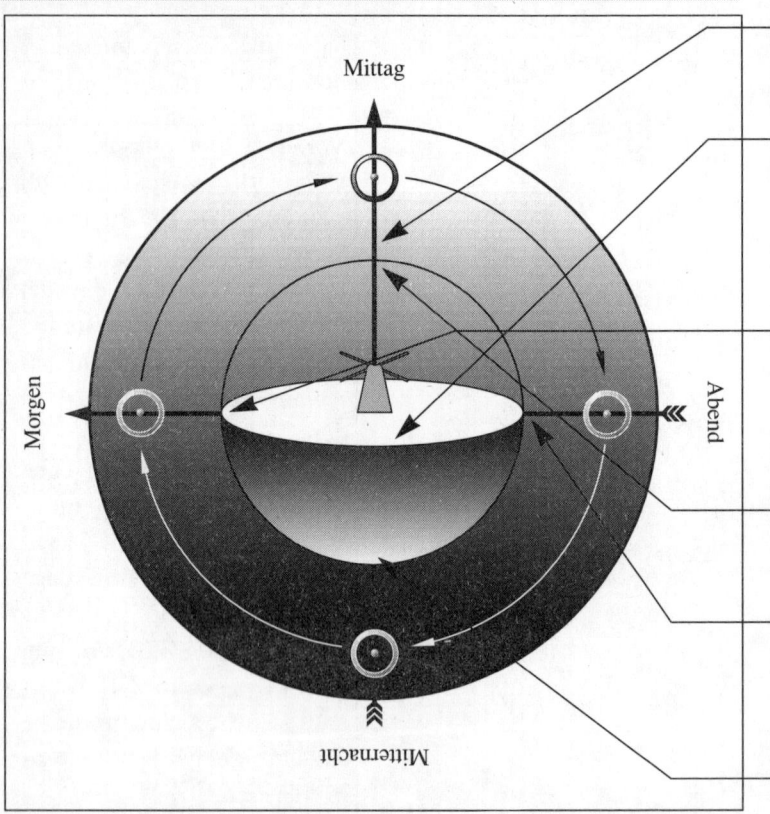

Alle Gestirne gehen im Osten auf und im Westen unter. Am eindrucksvollsten aber ist sicherlich der tägliche Auf- und Untergang der Sonne, aus dem sich die Bedeutung der Häuser ergibt, so wie sich aus ihrem Jahreslauf die Bedeutung der Tierkreiszeichen ableitet. Die vier Stationen von Aufgang im Osten, Höchststand über dem Horizont, Untergang im Westen und Tiefststand unter dem Horizont gliedern diesen 24stündigen Kreislauf in vier Abschnitte.

220

Meridian: Der Kreis, der durch Zenit und Nadir verläuft und den Horizont senkrecht genau im Norden und Süden schneidet, heißt Meridian. Er teilt die Himmelskugel in eine östliche, aufsteigende Hälfte und eine westliche, absteigende Hälfte.

Horizont: Der Horizont teilt die Himmelskugel in eine sichtbare und eine unsichtbare Hälfte. Die obere sichtbare Hälfte heißt auch Taghälfte, da sie von der Sonne am Tage beherrscht wird. Die untere unsichtbare wird entsprechend Nachthälfte genannt.

Aufgang: Die meisten Gestirne passieren täglich einmal den östlichen Horizont in aufsteigender Richtung. Steht hier die Sonne, ist es Morgendämmerung.

Obere Kulmination: Den höchsten Stand eines Gestirns über dem Horizont nennt man obere Kulmination. Er liegt auf einer Linie mit dem Zenit. Befindet sich hier die Sonne, ist es Mittag; dabei steht sie auf der nördlichen Halbkugel in südlicher Richtung.

Untergang: Im Westen verschwinden die meisten Gestirne wieder unter den Gesichtskreis. Wenn sich hier die Sonne befindet, ist Abenddämmerung.

Untere Kulmination: Der tiefste Stand eines Gestirns unter dem Horizont heißt untere Kulmination und liegt auf einer Linie mit dem Nadir. Es ist Mitternacht, wenn sich hier die Sonne befindet, wobei sie auf der nördlichen Halbkugel zugleich in nördlicher Richtung steht.

Die Länge des Tag- und Nachtbogens der Sonne hängt von der herrschenden Jahreszeit ab, so daß die Sonne mal früher und mal später auf- bzw. untergeht. Ebenso ist es aufgrund der Zeitzonenregelung nicht unbedingt 12 Uhr, wenn die Sonne kulminiert, sondern nur ungefähr.

Tafel IV.2.: Die vier Tageszeiten

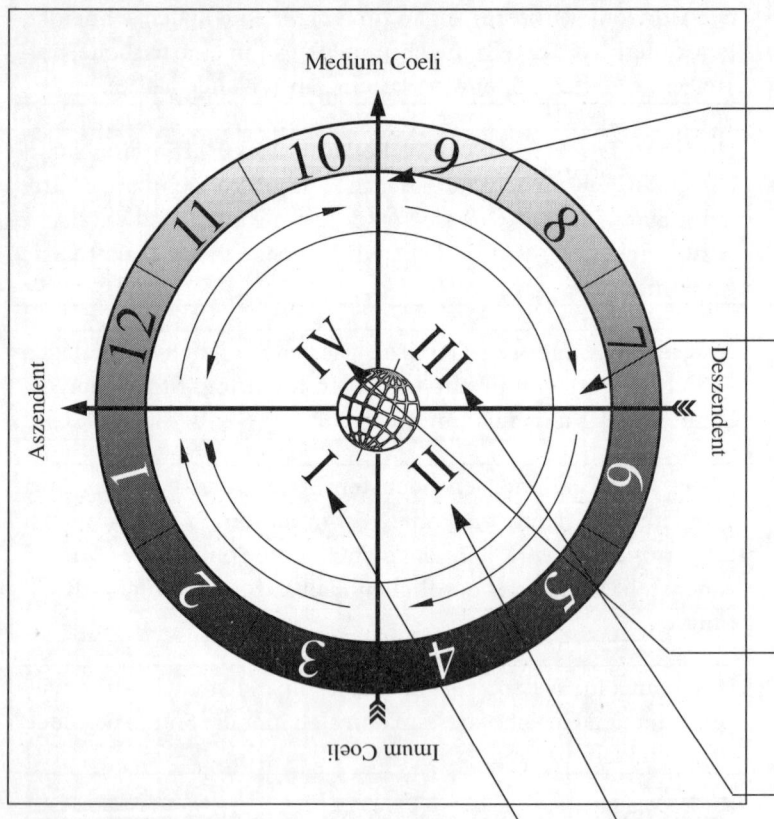

Der Häuserkreis spiegelt diese vier Stationen wider und wird dadurch in vier Quadranten geteilt. Diese teilen den täglichen und den nächtlichen Bogen der Sonne, aber auch alle anderen Gestirne, in vier Viertel. Gezählt werden die Quadranten (wie auch die Häuser) entgegen dem Uhrzeigersinn – parallel zum Tierkreis.

Meridianachse: Dem Großkreis des Meridians entspricht die Verbindungslinie Imum Coeli (IC) und Medium Coeli (MC): »Himmelstiefe« und »Himmelsmitte« im Horoskop. Mit dem IC beginnt der zweite Häuserquadrant, mit dem MC der gegenüberliegende vierte. Alle Gestirne auf der linken Hälfte des Horoskops befinden sich gerade in ihrem Aufstieg, ob über oder unter dem Horizont. Alle Gestirne rechts von der IC-MC-Achse steigen dagegen gerade ab.

Horizontachse: Den Horizont vertritt die Verbindungslinie Aszendent (AC) und Deszendent (DC): »aufsteigender« und »absteigender« Punkt. Mit dem AC wird der erste Quadrant eingeleitet, mit dem DC der gegenüberliegende dritte. Alle Gestirne, die im Horoskop über der AC-DC-Achse stehen, sind sichtbar. Steht die Sonne hier, ist es Tag. Alle Gestirne unter dieser Achse sind nicht sichtbar. In der Nacht befindet sich hier die Sonne.

Vierter Quadrant: Der vierte Quadrant (IV) reicht vom AC zum MC. Vom Standpunkt des Sonnenlaufes aus gesehen, entspricht er dem Vormittag.

Dritter Quadrant: Der dritte Quadrant (III) ist der Sektor zwischen MC und DC. Damit entspricht im Sinne des täglichen Bogens der Sonne der Nachmittag.

Zweiter Quadrant: Der zweite Quadrant (II) ist das Viertel zwischen DC und IC. Steht die Sonne hier, befindet sie sich nach ihrem Untergang auf dem Weg zur Mitternacht.

Erster Quadrant: Der erste Quadrant (I) erstreckt sich vom IC zurück zum AC. Steht die Sonne in diesem Sektor, steigt sie von ihrem tiefsten Punkt wieder aufwärts in Richtung Morgendämmerung.

Tafel IV.3.: Der Häuserkreis und der Tierkreis

Wie der Tierkreis werden auch die Häuserquadranten jeweils in drei Häuser geteilt: Die ersten Häuser eines Quadranten nennt man entsprechend *kardinale* Häuser, die mittleren *fixe* Häuser und die abschließenden *bewegliche* Häuser.

Die zwölf Häuser werden wie die Tierkreiszeichen *entgegen* dem Uhrzeigersinn gezählt, obwohl sich ihre Bedeutung aus dem täglichen Bogen der Gestirne *im* Uhrzeigersinn ergibt. Die Parallele zum Tierkreis erstreckt sich auch auf die Deutung der Häuser.

224

Tafel IV.4.: Das Häusersystem nach Placidus

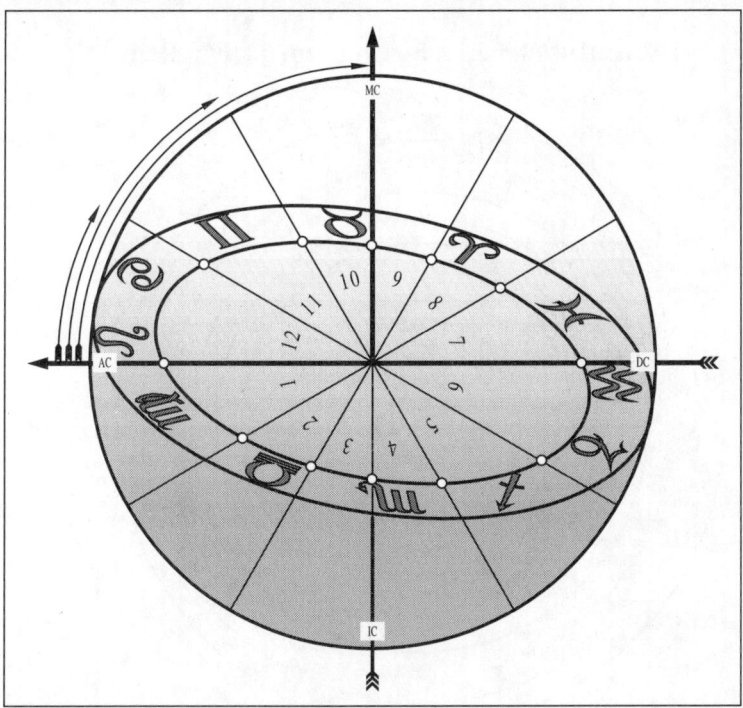

Während die vier Kardinalpunkte (1, 4 ,7 ,10) des Häuserkreises klar definiert sind, gibt es mehrere Möglichkeiten, die Zwischenhäuser (2, 3; 5, 6; 8, 9; 11, 12) zu berechnen. Die gebräuchlichste ist die nach Placidus: Der Tierkreis liegt an jedem Ort in einem bestimmten Winkel zum Horizont. Jeder Punkt des Tierkreises hat seinen eigenen Tag- und Nachtbogen. Derjenige Punkt des Tierkreises, der gerade ein Sechstel seines täglichen Weges zurückgelegt hat, bestimmt die Spitze des 12. Hauses. Derjenige der zwei Sechstel zurückgelegt hat, die Spitze des 11. Hauses etc. Die Häuserspitzen unterhalb des Horizonts liegen dabei stets diesen gefundenen Punkten genau gegenüber. Wie man sieht, ergibt sich dadurch die typische Verzerrung der Häuser im Horoskop.

Die Planeten

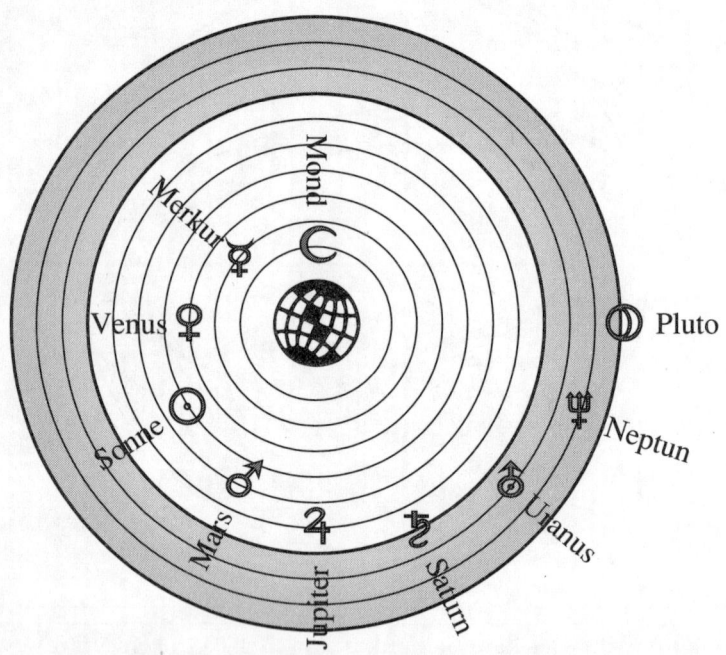

Die Planeten scheinen für den irdischen Betrachter des Himmels mehr oder weniger auf einer Ebene wie auf einem Karussell um die Erde als Mittelpunkt zu kreisen. Diese Reihenfolge der Planeten nennt man *geozentrisches* oder auch *ptolemäisches* Weltbild, nach einem seiner Hauptvertreter, dem antiken Astronomen und Astrologen Ptolemaios. Allerdings kannte man bis zur Entdeckung des Uranus 1781 nur die klassischen sieben Planeten von Mond bis Saturn.

Mein Vater Erklärt Mir Jeden
Sonntag Unsere Neuen Planeten

Tafel V.2.: Die Planeten aus heliozentrischer Sicht

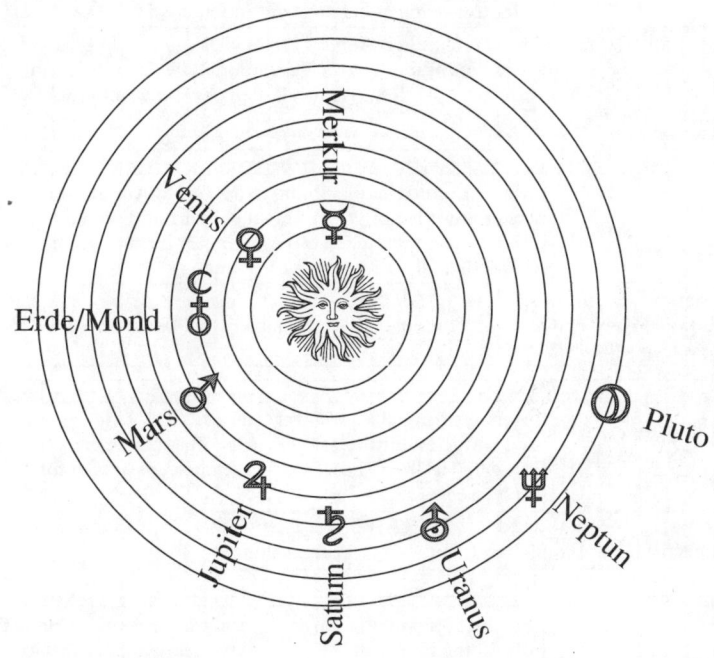

1543 stirbt der Astronom KOPERNIKUS und hinterläßt seine Theorie des *heliozentrischen* oder *kopernikanischen* Weltbildes, das bald das geozentrische ablöste. Von da an steht die Sonne im Mittelpunkt des Planetensystems, und der Mond zählt überhaupt nicht mehr dazu. Die Planeten gliedern sich in solche, die sich *innerhalb*, und solche, die sich *außerhalb* der Erdbahn bewegen. Bislang kennen wir mit der Erde neun Planeten, wobei die letzten drei nur mit Teleskopen aufgefunden werden können, deshalb heißen sie auch *teleskopische* Planeten.

Tafel V.3.: Planeten-Steckbriefe

	Mond	Der Mond ist der Himmelskörper, der der Erde am nächsten ist. Er umkreist sie in etwa 29,5 Tagen einmal, was einem vollständigen Tierkreiszyklus entspricht. Für ein Tierkreiszeichen benötigt der Mond etwa 2,5 Tage.

Die hier angegebene Umlaufzeit des Mondes ergibt sich aus der Zeitspanne zwischen Neumond und Neumond. Dieser Zeitraum ist die Grundlage für den *Monat*. Im Weltbild der Astrologie gilt der Mond als Planet und nicht als Erdsatellit.

	Merkur	Merkur umkreist die Sonne in 88 Tagen. Aus geozentrischer Sicht benötigt er in etwa ein Jahr, für ein Tierkreiszeichen demnach etwa 30 Tage. Merkur ist der schnellste, da sonnennächste Planet.

Merkur scheint die Sonne von der Erde aus gesehen in schleifenförmigen Bewegungen eng zu »umtanzen«. Deshalb ist er im Tierkreis in etwa genauso schnell wie sie.

	Mars	Mars benötigt etwa 687 Tage, also rund zwei Jahre, um die Sonne zu umkreisen. Dieselbe Zeitspanne gilt auch für den Tierkreis. Ein Tierkreiszeichen passiert er folglich in etwa 57,25 Tagen.

Ab Mars beginnt die Reihe der äußeren Planeten. Heliozentrische und geozentrische Umlaufzeiten fallen von jetzt an zusammen.

	Saturn	Bereits 29,5 Jahre benötigt Saturn, um seinen Zyklus um die Sonne bzw. den Tierkreis zu vollenden. Für ein Tierkreiszeichen braucht er demnach etwa 2,5 Jahre. Ebenso wie Jupiter besteht er aus Gas.

Saturn ist der letzte mit bloßem Auge sichtbare Planet. Ihn eingeschlossen bezeichnet man diese sieben Planeten auch als die klassische Siebenheit, wie sie schon die Babylonier kannten. Sein typisches Merkmal: der Ring, der ihn umschließt.

♆	Neptun	Fast 165 Jahre ist Neptun auf seiner Reise um die Sonne und durch den ganzen Tierkreis unterwegs. Dabei bleiben ihm für ein Tierkreiszeichen etwa 14 Jahre. Er ist der letzte Planet aus Gas.

1846 wurde Neptun aufgrund von Störungen in der Bahn des Uranus entdeckt. Mit ihm endet die Reihe der »Gasriesen« von Jupiter bis Neptun.

| | Sonne | Die Sonne ist das Zentralgestirn unseres Planeten-systems. Aus geozentrischer Sicht benötigt sie 365,25 Tage, um die Erde zu umkreisen. Für ein Tierkreis-zeichen benötigt sie demnach etwa 30 Tage. |

Aus heliozentrischer Sicht stünde hier die Erde, die genauso lang für ihren Umlauf um die Sonne benötigt wie die Sonne für ihren scheinbaren um die Erde. Sonne und Mond sind in der Astrologie als die beiden *Lichter* bekannt. Auch die Sonne gilt als Planet.

| | Venus | In 225 Tagen umrundet Venus die Sonne. Aus geozentri-scher Sicht braucht sie etwa ein Jahr, für ein Tierkreis-zeichen etwa 30 Tage. Venus ist der zweite Planet nach Merkur. |

Zusammen mit Merkur bildet sie die Gruppe der inneren Planeten. Ebenso wie er kann sie sich nicht weit von der Sonne entfernen.

| | Jupiter | In etwa 12 Jahren umrundet Jupiter die Sonne und den Tierkreis. Daraus ergibt sich etwa ein Jahr für ein Tier-kreiszeichen. Jupiter ist der größte Planet unseres Son-nensystems und der erste aus Gas. |

Zwischen Mars und Jupiter befindet sich der sogenannte *Asteroidengürtel*, ein Schwarm Tausender von Kleinplaneten unterschiedlicher Größe. Der größte heißt *Ceres*.

| | Uranus | In etwa 84 Jahren schafft es Uranus einmal um die Sonne oder um den Tierkreis. Er bleibt deshalb etwa 7 Jahre in einem Tierkreiszeichen. Auch er besteht zum größten Teil aus Gas. |

Uranus ist der erste Planet, der mit Hilfe eines Teleskops 1781 entdeckt wurde. Er leitet damit die Reihe der nicht mehr mit bloßem Auge sichtbaren Planeten ein. Sein typisches Merkmal: Er rollt wie ein Fußball auf seiner Umlaufbahn um die Sonne.

| | Pluto | 243 Jahre etwa dauert der Umlauf von Pluto um die Sonne und durch den Tierkreis. Da seine Bahn extrem unregelmäßig ist und teilweise innerhalb der des Nep-tun verläuft, benötigt er mal mehr und mal weniger als 21 Jahre für ein Zeichen. |

Pluto wurde erst 1930 entdeckt, so daß wir noch keinen ganzen Umlauf erle-ben konnten. Er gilt als der bislang letzte Planet unseres Sonnensystems.

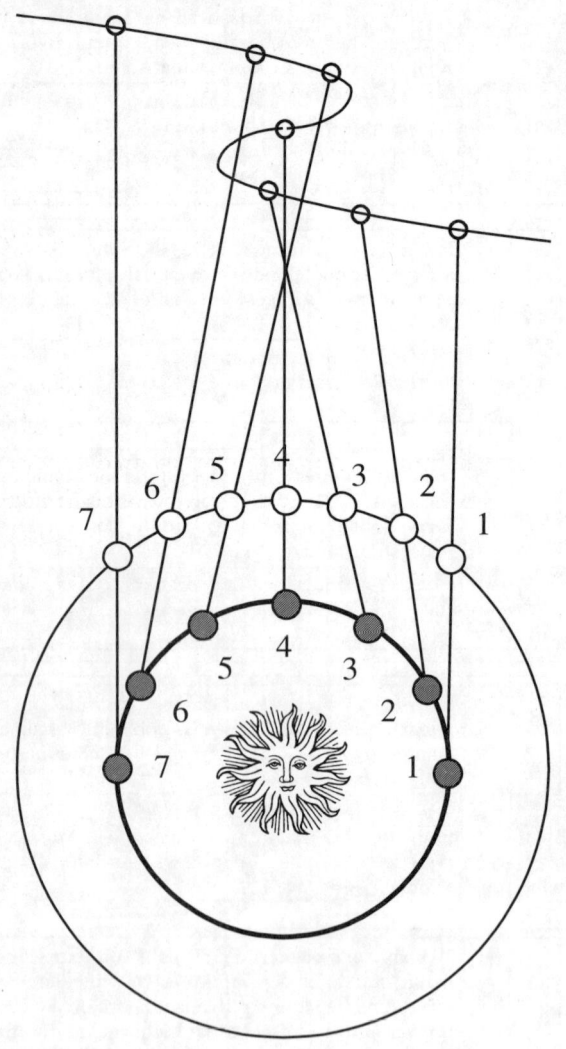

Die alten Astronomen beobachteten, daß mit Ausnahme von Sonne und Mond alle Planeten zeitweilig von der rechtläufigen Bahn entlang der Ekliptik (also im Tierkreissinn) abweichen und rückwärts zu laufen scheinen. Dieses Phänomen nennt man *Rückläufigkeit* und erklärt sich aus der geozentrischen Perspektive.

In der nebenstehenden Abbildung sehen Sie die Erde auf ihrer Umlaufbahn um die Sonne und einen beliebigen äußeren Planeten. Die Erde ist schneller als der äußere Planet: Sie benötigt für die aufgezeichneten Stationen eine halbe Umkreisung, während der andere Planet in derselben Zeit weit weniger an Umlauf schafft. Dadurch überholt die Erde den äußeren Planeten an einer bestimmten Stelle. Von uns aus gesehen haben wir den Eindruck, daß der Planet immer langsamer wird, schließlich zum Stillstand kommt (in dem Moment, wenn die Erde auf gleicher Höhe mit ihm steht), zurückfällt (wir haben ihn überholt), um schließlich nach einiger Zeit seinen Lauf wieder in Tierkreisrichtung aufzunehmen. Er zeichnet eine typische Schleifenbewegung am Firmament.

In der Astrologie werden die Phasen, in denen ein Planet rückläufig wird, mit einem kleinen »R« neben dem Planetensymbol gekennzeichnet. Manchmal verwendet man auch ein kleines »S«, um anzudeuten, daß ein Planet gerade stillzustehen scheint oder *stationär* ist.

Die Aspekte

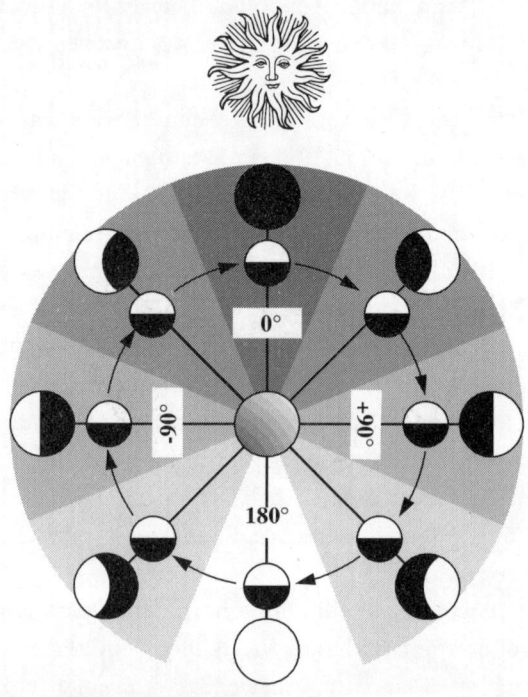

Die Mond umkreist die Erde (in der Mitte der Darstellung) in etwa 29,5 Tagen. Dabei bewegt er sich mal innerhalb der Erdumlaufbahn um die Sonne, mal außerhalb. Dabei scheint er je nach Position zur Erde und zur Sonne von uns aus gesehen kontinuierlich seine Lichtgestalt zu verändern: Befindet er sich auf derselben Höhe wie die Sonne (0° Abstand), wird er zwar von hinten beleuchtet, doch von der Erde aus sehen wir nur die Schattenseite: *Neumond*. Befindet er sich 90° links oder rechts von dieser Position entfernt, haben wir *Halbmond*. *Vollmond* gibt es dann, wenn sich die Erde in der Mitte zwischen Sonne und Mond befindet: der Mond wird ganz von der Sonne beleuchtet.

mittags

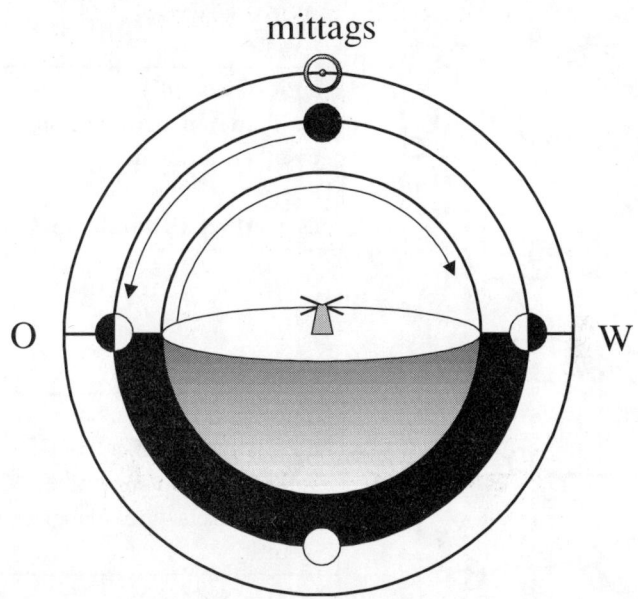

O W

Auf dieser Abbildung befindet sich die Sonne am höchsten Punkt ihrer täglichen Laufbahn um die Erde: Es ist Mittag. Gleichzeitig ist die Position des Mondes zum Zeitpunkt der vier Hauptphasen abgebildet:
Bei *Neumond* geht er mit der Sonne auf und unter. Bei *zunehmendem Halbmond* geht er gerade auf, wenn die Sonne ihren Höhepunkt erreicht hat. Bei *Vollmond* hat er dann seinen tiefsten Punkt unter dem Horizont erreicht. Bei *abnehmendem Halbmond* geht er gerade unter, wenn die Sonne kulminiert. Während er seine Lichtgestalt verändert, geht er jeden Tag ein Stückchen weiter östlich auf, während er ansonsten mit allen Gestirnen die tägliche Bewegung von Osten nach Westen vollzieht.

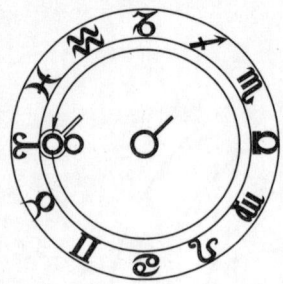

Konjunktion (0°)
Die Planeten befinden sich auf derselben Stelle des Tierkreises. Dies entspricht einer Teilung des Tierkreises durch die Zahl 1.

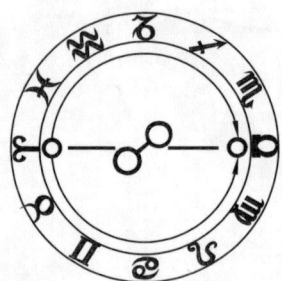

Opposition (180°)
Die Planeten befinden sich im Tierkreis genau gegenüber. Der Tierkreis wird dabei durch 2 geteilt.

Quadrat (90°)
Die Planeten bilden mit ihrem Abstand die Seite eines Quadrats. Es gibt immer zwei Stellen, die der Entfernung entsprechen. Das Quadrat verbindet stets Zeichen gleicher Qualität. Es entspricht einer Teilung des Tierkreises durch 4.

Trigon (120°)

Die Planeten bilden mit ihrem Abstand die Seite eines gleichseitigen Dreiecks. Auch hier gibt es stets zwei mögliche Punkte. Das Trigon verbindet dabei Zeichen des gleichen Elements.

Dies entspricht einer Teilung des Tierkreises durch die Zahl 3.

Sextil (60°)

Die Planeten bilden mit ihrem Abstand die Seite eines gleichseitigen Sechsecks. Hier gibt es wiederum stets zwei mögliche Punkte von einem Ort aus. Das Sextil verbindet Zeichen der gleichen energetischen Ausrichtung.

Es entspricht einer Teilung des Tierkreises durch die Zahl 6.

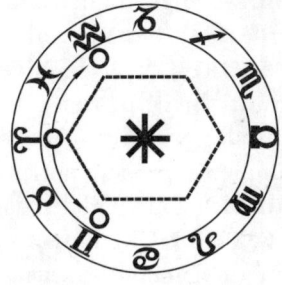

Anhang

Lösungsvorschläge

Lösungsvorschläge zur Übung auf Seite 41

1. **STIER.** Unschwer vermittelt das Bild die Bodenständigkeit, wie sie z. B. für die bayrische Voralpenlandschaft typisch ist und der Verwurzelungstendenz der Stierphase entspricht.

2. **LÖWE.** Die Hitze der Savanne korrespondiert mit der heißesten Zeit des Jahres. Überhaupt sehen Sie hier förmlich den Löwen sich im Schatten der Bäume rekeln...

3. **WIDDER.** Diese unkultivierte Gegend ist für jedes Lebewesen eine Herausforderung, sich dem Überlebenskampf zu stellen – so wie sich das neue Leben seinen Weg durchs Erdreich an das Licht der Oberfläche bahnen muß.

4. **KREBS.** Vergleichen Sie die Ruhe und Tiefe eines Waldsees mit der Inwendigkeit und Zurückgezogenheit des Lebens in das schützende und nährende Verborgene – z. B. auch in eine Höhle.

5. **SKORPION.** Beide Bilder – Dschungel und Vulkanlandschaft – vermitteln dem Menschen etwas von der lebensbedrohlichen Seite der Natur, in der die Existenz des einzelnen nichts zählt. Sümpfe und Moore entsprechen der Anschauung nach dem verrottenden Laub und den darin einsetzenden Gärungsprozessen.

6. **STEINBOCK.** Eine Gegend, in der sich nur die zähesten, genügsamsten und ausdauerndsten Lebewesen halten können.

7. **FISCHE.** Weniger daß Fische ins Meer gehören ist ausschlaggebend, sondern die Grenzen- und Formlosigkeit. Außerdem: Kommt nicht alles Leben aus den Ozeanen, so wie Fische den Übergang zu neuem Leben versinnbildlichen?

8. **SCHÜTZE.** Die Weite des Blicks, abgewandt von den Details des Alltäglichen und nur dem Großartigen zugetan – so fügt sich dieses Bild in die Botschaft des Schützen.

9. **JUNGFRAU.** Die Gemeinsamkeit aller Entsprechungen ist das Thema der Nutzfläche, d. h., sie unterstehen irgendeinem Zweck des Menschen. Zugleich klingt aber auch die aus Vernunftgründen vorgenommene Einteilung eines Geländes an.

10. **ZWILLINGE.** Sich verästeln und verzweigen – Straßen stellen in alle Richtungen Verbindungen her und ermöglichen so den Kontakt.

11. **WAAGE.** Eine Landschaft, ganz dem Bedürfnis der Menschen nach den schönen Dingen des Lebens gewidmet und als Ort der Begegnungen konzipiert.

12. **WASSERMANN.** Bizarr und exzentrisch geht es auch in der Zeit zu, in der sich der Umbruch von der extremen Kälte zu milderen Bedingungen abspielt. Das gleichzeitige Existieren von Gegensätzen führt zu einer sehr ungewöhnlichen Optik der Landschaft.

Lösungsvorschläge zur Übung auf Seite 53

1. Die Idee von Monarchie und Königtum hängt eng mit der Erlebniswelt der *Löwen* zusammen, dem auch die Sonne als Herrscher des Himmels zugeordnet wird.

2. Besitz und Reichtum sind eine Funktion des *Stier*-Prinzips.

3. Die exzentrische, bunte Gestalt des Narren und seine Kritik an bestehenden Zuständen machen ihn zu einem Vertreter des *Wassermann*-Prinzips.

4. Wer die Spielregeln einer Gesellschaft aufstellt und für ihre Einhaltung sorgt, vertritt den *Steinbock*.

5. Alle, die der Verteidigung des Reiches dienen und sich dem Kampf widmen, unterstehen dem Zeichen *Widder*.

6. Die Ernährung entspricht dem Fundament des Hofes, so wie die Tafel schon immer das Symbol der Verbundenheit aller Teilnehmer am Hofe gewesen ist, wie z. B. die Tafelrunde des Königs Artus. Hier äußert sich das eigentliche Gemeinschaftsgefühl, was den Truchseß zu einem Vertreter des *Krebs*-Prinzips macht.

7. Nicht zu verwechseln mit dem Feldmarschall, der wiederum dem Widder zuzuordnen wäre. Der Hofmarschall dagegen sorgt für den reibungslosen Ablauf zwischen den einzelnen dienenden

Funktionen am Hofe, damit organisiert er im Sinne der *Jungfrau* die Hierarchien.

8. Sie entsprechen natürlich der *Waage* und ihrem künstlerisch-ästhetischen Anspruch. Zugleich bilden sie auch Anlaß für zwanglose Begegnungen am Hofe außerhalb der Staatsgeschäfte.

9. Diese etwas undurchsichtige Gruppe repräsentiert den *Skorpion*. Sie alle haben eines gemeinsam: Sie verkörpern den Willen des Königs als dem Leben des einzelnen übergeordnete Macht. Hier offenbart sich der Fürst als Herrscher über Leben und Tod. Gleichzeitig sorgen sie für die ideologische »Reinigung« des Reiches – wie später die Inquisiteure.

10. Deutlich erkennen wir das *Zwillinge*-Prinzip in diesen Figuren.

11. Wer den geistigen Überblick behält und so in der Lage ist, eine Situation mit Weitsicht und unter Berücksichtigung größerer Zusammenhänge zu beurteilen, ist Vertreter des *Schütze*-Prinzips.

12. Alles, was den Rahmen des höfischen Lebens überschreitet und außerhalb der Grenzen seines Machtbereiches liegt, ist den *Fischen* zuzuordnen, die sich jeder konkreten Funktion entziehen.

Lösungsvorschläge zur Übung auf Seite 71

1. Der Glaube an einen Sinn im Leben und die daraus erwachsende Hoffnung auf eine Verbesserung der Lebensumstände – im Diesseits oder im Jenseits – ist Thema des *Schützen*.

2. Die Notwendigkeit, sich einem Gegenüber offenbaren zu können, gehört zur *Waage*.

3. Besitz und Genußfähigkeit – typisch *Stier*!

4. Die *Fische* vermögen nicht, zwischen sich und den anderen zu unterscheiden.

5. »Krieger« und »handeln« – Stichwörter des *Widder*-Prinzips.

6. Der Rückzug in die Beschaulichkeit und Geborgenheit der eigenen vier Wände (oder des Innenlebens) ist Bedürfnis des *Krebses*.

7. Sterben und Werden – diesen Zyklus verkörpert der *Skorpion*.

8. Unverbindliche Konversation, in der man alles und nichts sagt, ist eine Spezialität der *Zwillinge*.

9. Die *Jungfrau* mißtraut allem aus Prinzip, da sie stets damit rechnet, daß eine Gefahr um die Ecke lauert.

10. Großes wollen, sich beschränken, Freiheit durch Unterordnung – Themen des *Steinbocks*.

11. Das Durchbrechen der Gewohnheiten, das Abweichen von bisher gegangenen Pfaden gehört zu den Eigenschaften des *Wassermanns*.

12. Der König unter den Würmern – typisch *Löwe*.

Lösungsvorschläge zur Übung auf Seite 73

1. Als Zwischenwesen ohne eindeutige Gestalt gehört das Gespenst zu den *Fischen*.

2. Die Post ist ein typisches *Zwillinge*-Ressort.

3. Wie gehabt: *Löwe*.

4. Ob Priester, Bischof, Papst oder Pfaffe – Religion wie alle Glaubensfragen werden vom *Schützen* beherrscht.

5. Sorgt für Recht und Ordnung: der *Steinbock*.

6. Frei und ungebunden wie der *Widder*, nimmt sich der Räuber, was ihm gefällt.

7. Eine Figur aus der düsteren Unterwelt, wo der *Skorpion* zu Hause ist.

8. Sie vertritt die Anbindung an die Vergangenheit, steht für hausgemachte Marmelade und selbstgebackenen Gugelhupf – zum Wohlfühlen: der *Krebs*.

9. Das Objekt der Begierde, Kasperles ewiger Flirt, die sich immer wieder retten läßt, ein ästhetischer Hauch von Kultiviertheit und Charme: die *Waage*.

10. Der Gegenpol zur feinsinnigen Prinzessin – die naive Figur der Gretel, hausbacken und traditionell, mit zwei dicken blonden Zöpfen links und rechts: der *Stier*.

11. Geht immer seinen eigenen Weg und nicht selten gegen die Vernunft, so ist der *Wassermann*. Schon das typische Kasperle-Outfit in schreienden Farben und mit harlekinesker Mütze ist typisch.

12. Der ewige Warner, der jedes Abenteuer kritisch beäugt und am liebsten davon abraten würde, so wie die *Jungfrau*. Kasperle würde es feige nennen...

Lösungsvorschläge für die Übung auf Seite 86

1. Quadrant I. Affekte sind intensive und kurz andauernde Erregungszustände, die mit körperlichen Reaktionen (Schwitzen, Erröten, Erblassen, Tränenausbruch etc.) einhergehen und unsere Urteilskraft mindern. Im Affekt reagieren wir völlig unkontrolliert, dennoch gemäß unserer körperlichen Konstitution spezifisch.

2. Quadrant I.

3. Quadrant I.

4. Quadrant IV.

5. Quadrant III. Bewußtsein als solches ist ein Thema des dritten Quadranten, weil Bewußtsein aus der Erkenntnis erwächst, nicht identisch mit der Umwelt zu sein, d.h. eine Trennung zwischen ICH und DU zu erleben. Dazu bedarf es der Begegnung und der (geistigen) Auseinandersetzung mit dem, was mich umgibt.

6. Quadrant III.

7. Quadrant I. Furcht ist ein Affekt, der ebenfalls mit typischen angeborenen und willentlich nicht beeinflußbaren körperlichen Symptomen verbunden ist, wie Zittern, Schweißausbruch, Erhöhung des Pulses und durch eine konkrete Bedrohung der Existenz ausgelöst wird. In der Regel erfolgt auf Furcht eine instinktive Reaktion des Körpers, wie Flucht, Angriff oder Totstellreflex.

8. Quadrant III.

9. Quadrant II.

10. Quadrant I.

11. Quadrant II. Individualität erfahre ich dann, wenn ich mich als in meinem Selbst zentriert erlebe, wenn ich *fühle*, was mich im Vergleich zu anderen anders und besonders macht.

12. Quadrant II.

13. Quadrant IV.

14. Quadrant IV. Mode, wie alle Fragen des Geschmacks, unterliegt dem Zeitgeist.

15. Quadrant II. Motivationen = Beweggründe, alles, was sich in mir bewegt und sich letztlich im Außen manifestieren möchte.
16. Quadrant III.
17. Quadrant III. Wertvorstellungen erwachsen aus Gedanken und Überlegungen über unser Verhältnis zur Umwelt.
18. Quadrant II.
19. Quadrant II. Verhalten kann als die Summe aller Handlungen eines Individuums bezeichnet werden und ist in der Regel in seinen Ausdrucksweisen typisch für einen Menschen.
20. Quadrant IV.

Lösungsvorschläge zur Übung auf Seite 104

1. Haus 12: Wenn ich berühmt bin, bin ich für die Öffentlichkeit sichtbar.
2. Haus 4: In gewisser Hinsicht ist der »Schoß der Familie« der Quell der Kraft, aus dem ich komme und zu dem ich mich vertrauensvoll hinwenden kann. Störungen in dieser Hinsicht sind im Horoskop deshalb in Haus 4 zu finden.
3. Haus 7: Feindschaft ist genausogut eine Form der Beziehung wie Freundschaft – sie verkörpert letztlich alles, was ich in meiner Umwelt *nicht* begegnen möchte.
4. Haus 2: Geld ist eine andere Form von Besitz. Geht es jedoch darum, Geld auszugeben, ist Haus 3 zuständig.
5. Haus 10: Gesetze sind allgemein verpflichtende Verhaltensregeln, die für alle Mitglieder einer Gesellschaft ohne Ausnahme gültig sind. Das Verhältnis zu Gesetzen, Obrigkeit und Autorität im allgemeinen ist Gegenstand von Haus 10.
6. Haus 4: Das Gefühl, *daheim* zu sein wird ähnlich dem Bild »Familie« mit Ruhepol und Kraftquelle assoziiert. Was ich im einzelnen darunter verstehe, ist in Haus 4 abgebildet.
7. Haus 1: Immunabwehr ist die Fähigkeit meines Körpers, sich gegen Eindringlinge von außen durchzusetzen, z. B. Viren, Bakterien, Pilze etc. Wie gut diese Abwehrkräfte funktionieren, entnehme ich diesem Haus.
8. Haus 5: Es umfaßt alles, was ich schöpferisch hervorbringe – damit kann ein Kunstwerk gemeint sein, aber ebensogut auch

meine Kinder. Haus ⑤ ist im übrigen sehr stark mit allem befaßt, was das Thema der Kindlichkeit und das Kindsein berührt, so z.B. unseren Spieltrieb und unsere Risikofreudigkeit.

9. Haus ⑫: Wer ins Kloster geht, hat die Entscheidung getroffen, sich außerhalb der gesellschaftlichen Spielregeln übergeordneten (göttlichen) Normen zu unterwerfen.

10. Haus ⑫: Das Ziel von Meditation ist die Befreiung aus den Bedingtheiten der körperlichen Existenz. So gesehen findet sich mein Verhältnis zu übergeordneten Wahrheiten und dem Sinn des Lebens in diesem Haus, gerade, wenn ich über sie meditiere (nicht philosophiere! Dies wäre eine Entsprechung zu Haus ⑨).

11. Haus ③: Motorik beschreibt die Voraussetzungen meines Körpers zur Bewegung – nicht die Bewegung selbst! Ob und wie mein Körper beweglich ist, welche Bewegungsabläufe meinem Körper zumutbar sind, ist deshalb in Haus ③ zu finden.

12. Haus ⑪: Parteien, Bürgerinitiativen und ähnliches sind deshalb Thema dieses Hauses, da sie Organisationen darstellen, die bestehende Umstände verbessern oder verändern wollen. Sie organisieren von der Norm abweichende Bedürfnisse. Anders ausgedrückt: Wer mit dem Status quo (Haus ⑩) zufrieden ist, hat kein Bedürfnis, etwas dafür oder auch dagegen zu tun, es sei denn, er sieht den Erhalt des Systems bedroht...

13. Haus ⑧: Im Gegensatz zur Familie, mit der wir heute eher einen von der Gesellschaft abgesonderten Privatraum verbinden (Haus ④), schwingt im Begriff der Sippe der Gedanke mit, aufgrund gemeinsamer Vorfahren in einer familiären Gemeinschaft zusammenzugehören. Im Gegensatz zu allgemein gültigen Normen und Traditionen einer ganzen Kultur (Haus ⑩) verbindet eine Sippe oftmals sehr absolute Kriterien, nach denen sie sich von anderen abgrenzt, und die meist nicht hinterfragt von der Folgegeneration übernommen werden. In diesem Sinne *bindet* eine Sippe ihre Mitglieder auf einer geistigen Ebene, die in der Regel emotional verbrämt wird, nicht selten auch *gegen* herrschendes Gesetz (vgl. Mafia, schottische Clans etc.).

14. Haus ③: Sprachtalent ist eine Veranlagung – und sagt nichts darüber aus, ob das, was ich spreche, auch sinnvoll ist. Die Inhalte

meiner Äußerungen, der die in Worte gekleideten Gedanken, sind Gegenstand von Haus 9. SCHÜTZE

15. Haus 8: Treue ist für die meisten ein unmißverständliches Kriterium für die Dauerhaftigkeit einer Bindung. Das Verhältnis zur Treue ist deshalb in Haus 8 beschrieben.

16. Haus 9: Stätten der Bildung befinden sich genauso wie Bildung selbst natürlich in Haus 9, so auch Universitäten.

17. Haus 8: Verträge sind verbindliche Abmachungen zwischen (Geschäfts-)Partnern. Hier werden zuvor getroffene Ideen (Haus 7) verpflichtend.

18. Haus 6: Wetter ist eine Umweltbedingung, der ich ausgesetzt bin. Wenn es mir nicht gelingt, mich adäquat an diese Umweltbedingungen anzupassen, d. h., wenn es bei diesem Vorgang zu Störungen kommt, z. B. in Form von Kopfschmerzen, Streßsymptomen ist dies Thema von Haus 6.

Lösungsvorschläge zur Übung auf Seite 106

1. Aszendent im Tierkreiszeichen *Waage*. Imum Coeli im Tierkreiszeichen *Steinbock*. Deszendent im Tierkreiszeichen *Widder*. Medium Coeli im Tierkreiszeichen *Krebs*.

2. *Haus* 1: *Aszendent*. Wie möchte ich meine körperlichen Bedürfnisse durchsetzen?
Mein Durchsetzungsvermögen ist stark auf andere gerichtet und von ihnen abhängig, vielleicht benötige ich die Impulse anderer, um eine Empfindung dafür aufzubauen, was ich will oder nicht will. Dies macht mich sozusagen »von Natur aus« zu einem im wahrsten Sinne des Wortes entgegenkommenden Menschen, der sich automatisch bemüht, auf die Bedürfnisse anderer einzugehen, der vielleicht sogar darin eine Art Erfüllung findet, denn: ich brauche die Harmonie in meiner Umgebung...
Haus 4: *Imum Coeli*. Wie ist meine Gefühlswelt beschaffen...?
Was ich in mir fühle, ist von einer gewissen Nüchternheit, ja Kargheit geprägt, und oftmals erscheinen mir meine Empfindungen eher wie von fremder Hand geführt und gar nicht so richtig mein Eigentum zu sein. Manchmal kommt es mir so vor, als ob meine Gefühle nicht spontan in mir aufbrechen können, sondern

immer eine klar umrissene Struktur benötigen, so als ob man mir sagen müßte, was ich fühlen darf und was nicht. Andererseits habe ich meine Emotionen generell gut im Griff und kann sehr beharrlich sein...

Haus 7: *Deszendent.* Wie nehme ich Kontakt zur Umwelt auf...?
Meine Umgebung erscheint mir allzuoft ein Platz des Kampfes zu sein, in dem ich mich mit meinem doch eher feinfühligen Wesen behaupten muß. Dies ergänzt sich eigentlich recht gut mit meiner angeborenen Harmoniebedürftigkeit – bin ich doch wie darauf getrimmt, Unstimmigkeiten in meiner Umwelt aufzuspüren und für Ausgleich zu sorgen. Nach außen gerichtet entwickle ich sogar ein sehr großes Energiepotential, lerne schnell und wie von selbst Leute kennen: Je größer die Herausforderung dabei, um so spannender wird es für mich, während ich mit meinem natürlichen Charme und meinen Reizen nicht geize. Nach der Eroberungsphase jedoch kann mein Interesse ziemlich schnell nachlassen, und ich ziehe weiter...

Haus 10: *Medium Coeli.* Wie sehe ich meinen Platz in der Gesellschaft?
Da ich aus einer etwas sachlicheren Atmosphäre komme, in der das Zulassen echter Gefühle nicht sosehr erwünscht war, fühle ich mich stark von der Aussicht angezogen, in der Gesellschaft einen Platz für meine Gefühle zu finden. Wenn es darum geht, einer Berufung zu folgen, möchte ich mich voll und ganz mit ihr identifizieren können, mich in ihr gehen lassen dürfen. Vielleicht sehe ich es als meinen Auftrag an, der Gesellschaft etwas von den Gefühlen zu geben, die ihr (wie mir) so oft fehlen...

Lösungsvorschläge zur Übung auf Seite 120

1. Sonne
2. Mars
3. Insbesondere natürlich, da glänzende Augen stets auch als besonders attraktiv gelten.
4. Pluto.
5. Saturn.
6. Neptun. Eine Assoziation zum Spiritismus. Wie aber sieht

man denn aus, wenn einem ein Geist begegnet? Wahrscheinlich bleich, *die rote Farbe ist einem aus dem Gesicht gewichen*, so wie Neptun die rote Farbe aus dem Licht absorbiert.

7. Mars.

8. Sonne.

9. Saturn. Stichwort: Langsamkeit.

10. Mond. Die Assoziation mit Wasser ist hier ausschlaggebend.

11. Uranus.

12. Saturn. Assoziation: Gürtel ↔ Ring.

13. Mond. Sein Licht läßt viele Dinge anders aussehen, als sie wirklich sind.

14. Jupiter. Der größte Planet braucht den meisten Platz.

15. Jupiter. Vergleich mit seinem ruhigen Lauf.

16. Mars.

17. Merkur.

18. Merkur. Läßt sich nicht erwischen!

Lösungsvorschläge für die Übung auf Seite 132

1. Uranus. Seine Domäne ist das Stürzen bestehender Ordnungen. Zugleich kann man in der Gestalt des Loki auch den erfinderisch-genialen Zug des Uranus erkennen, der sich z. B. der Verwendung technischer Neuerungen (Teleskop) äußert. Interessanterweise wird ihm gerade seine eigene Erfindung – die Fischreuse – zum Verhängnis, als er sich in einen Lachs verwandelt, um sich vor dem Zorn der Asen zu verbergen...

2. Venus.

3. Sonne. »Die Sonne bringt es an den Tag«, kein Unrecht entgeht ihr.

4. Pluto.

5. Mars.

6. Jupiter. Auch hier die typische Fülle an Funktionen, die der oberste Gott souverän beherrscht. Wichtig auch die Aufgabe, sich ganz persönlich um die Einhaltung der Ordnung zu kümmern. Seine wichtigsten Werkzeuge aber sind Einsicht und Weisheit.

7. Saturn. Während Odin das Geschick der Menschen lenken kann, wird es durch die Nornen bedingungslos bestimmt. Hier

waltet ein Gesetz höherer Natur, dem sich alles Lebendige unterzuordnen hat – auch die Götter selbst.

8. Neptun. Das Auflösen der Grenzen der Wirklichkeit, um in andere Dimensionen vordringen zu können, ist sein Herrschaftsgebiet.

9. Mond. Nicht nur ihre filigrane Lichtgestalt und das Tanzen auf Lichtungen bei Mondschein macht sie zu Vertretern dieses Prinzips: Auch ihre Naturnähe und Verbundenheit zu allen fruchtbaren Prozessen zeichnet sie als solche aus. Nicht zuletzt ist ihre Launenhaftigkeit (von lat. *luna* »Mond«) mit dem sich ständig wandelndem Mond verbunden.

10. Merkur.

Lösungen zur Übung auf Seite 147

WIDDER → Mars. Unschwer läßt sich diese Verbindung über die gemeinsame Thematik der Durchsetzungskraft herstellen.

STIER → Venus. Dies ist vielleicht nicht ganz so leicht aus den bisherigen Ausführungen ersichtlich. Doch erinnern Sie sich: Venus steht auch für alles, was ich schön finde und was Wert für mich besitzt. Hierüber läßt sich eine Brücke zu Besitz und vor allem zu Sicherheit schlagen. Nicht zuletzt sind es auch Sinnlichkeit und Genußfreude, die Stier und Venus gemeinsam haben.

ZWILLINGE → Merkur. Die Beweglichkeit der Zwillinge und das Thema der Verbindungswege sind eindeutige Indizien.

KREBS → Mond. Der Bezug zur Gefühlswelt und Identitätsgrundlage macht Krebs zur Heimat des Nachtgestirns.

LÖWE → Sonne. Beide haben die typische Ausrichtung der Persönlichkeit nach außen.

JUNGFRAU → Merkur. Die zweite Heimat dieses Planeten trägt seine vermittelnde Handschrift, doch geht es hier mehr um die Prozesse der vernünftigen Anpassung an die Umgebung, um das Geschick im Umgang mit der Welt, wie es in der Verarbeitung der Eindrücke zum Tragen kommt.

WAAGE → Venus. Das Reich des Planeten Venus mit ihrem Sinn für Ästhetik und der Suche nach Ergänzung in anderen.

SKORPION ➜ Pluto. Die extreme Strenge Plutos vereinbart sich am besten mit der leidenschaftlichen Suche nach geistigen Verbindlichkeiten im Skorpion.

SCHÜTZE ➜ Jupiter. Wer würde nicht im Weitblick und in der Toleranz des Schützen den Planeten des wohlwollenden Gottes Jupiter erkennen?

STEINBOCK ➜ Saturn. So wie Saturn seine Grenzen zieht, kann auch der Steinbock nur das gelten lassen, was sich bestimmten Gesetzen unterwirft.

WASSERMANN ➜ Uranus. Beide suchen den Umbruch, die Erneuerung des Bestehenden und die Individualität.

FISCHE ➜ Das Auflösen der Grenzen, die Suche nach der hinter den Dingen liegenden Wahrheit sind Gemeinsamkeiten von Neptun und Fische.

Lösungsvorschläge zur Übung auf Seite 162

An der Spitze von Haus...	...befindet sich das Zeichen...	Deshalb herrscht ...über dieses Haus.	Dieser Planet steht in Haus...
1	♎	♀	9
2	♎	♀	9
3	♏ das ♐	♇ und ♃	9 bzw. 10
4	♑	♄	2
5	♒	♅	2
6	♓	♆	9
7	♈	♂	10
8	♈	♂	10
9	♉ das ♊	♀ und ☿	9 bzw. 8
10	♋	☽	1
11	♌	☉	8
12	♍	☿	8

Lösungsvorschläge zur Übung auf Seite 164

1. *Venus aus Haus* 2 *in Haus* 9: Es besteht der Auftrag, den Körper als solchen (Haus 2) bei der Darstellung in der Umgebung (Haus 9) auf ästhetische/harmonische Weise (Venus) einzusetzen oder die Existenz (Haus 2) durch die Darstellung vor anderen (Haus 9) zu sichern.

2. *Pluto aus Haus* 3 *in Haus* 9: Pluto hat den Auftrag, die darstellerischen Fähigkeiten des Körpers (Haus 3) (die Sprache, die Gestik, die Mimik, die Körperhaltung) bei der Darstellung in der Umgebung einzusetzen (Haus 9). Dies geschieht auf besonders leidenschaftliche und eindringliche Art (Pluto), er zieht damit sein Publikum in einen Bann.

3. *Jupiter aus Haus* 3 *in Haus* 10: Jupiter trägt den Auftrag in sich, die darstellerischen Fähigkeiten (Haus 3) auch im Bereich der Berufung/des Lebensweges (Haus 10) zur Geltung zu bringen. Hier läßt ihm die Gesellschaft viel Freiraum und begünstigt ihn (Jupiter). Allerdings besteht hier auch eine Tendenz zur Übertreibung und Großspurigkeit (Jupiter).

4. *Saturn aus Haus* 4 *in Haus* 2: Saturns Auftrag besteht darin, die Gefühlswelt (Haus 4) zur Existenzgrundlage (Haus 2) zu machen, aus ihr Sicherheit zu schöpfen. (Körperliche/materielle) Sicherheit (Haus 2) bezieht man nur aus sich selbst (Haus 4) heraus. Dazu stehen einem eine gewisse Strenge sich selbst gegenüber zur Verfügung (Saturn).

5. *Uranus aus Haus* 5 *in Haus* 2: Hier verwirklicht sich über den Auftrag des Uranus die Kreativität/Erotik (Haus 5) im Körperlichen/Materiellen/Konkreten (Haus 2), man wird zum »Objekt der Begierde«. *Oder* die Kreativität/Erotik (Haus 5) wird zur Existenzsicherung (Haus 2). Dabei fällt man gewissermaßen etwas aus dem Rahmen (Uranus).

6. *Neptun aus Haus* 6 *in Haus* 9: Der Auftrag des Neptun sieht vor, die Darstellung der Gefühle (Haus 6) in der unmittelbaren Umwelt (Haus 9) zu erledigen. Dies geschieht jedoch verschleiert und unklar *oder* so, daß es die anderen nicht merken (Neptun).

7. *Mars aus Haus* 7 *in Haus* 10: Mars übermittelt den Auftrag, Begegnungen (Haus 7) gesellschaftlich bedeutsam (Haus 10) zu

machen *oder* über Begegnungen (Haus 7) gesellschaftliche Bedeutsamkeit (Haus 10) zu erlangen *oder* Begegnungen (Haus 7) im
Rahmen gesellschaftlicher Normen (Haus 10) zu gestalten. Dies
geschieht am besten unter Einsatz von Mut und Durchsetzungskraft, *oder* es kommt dabei zu aggressivem Verhalten und Über-
griffen (Mars).

8. *Mars aus Haus 8 in Haus 10:* Mars übermittelt den Auftrag,
die persönlichen Wertmaßstäbe (Haus 8) zu allgemeingültigen
Regeln (Haus 10) werden zu lassen: Das, woran man sich persönlich bindet (Haus 8), soll für alle anderen verpflichtend (Haus 10)
werden. Dabei wird keine Rücksicht auf bestehende Normen
genommen (Mars).

9. *Venus aus Haus 9 in Haus 9*[33]: Die Venus – hier im Sinne des
Stiers – erfüllt keinen Auftrag, sie ist »daheim«. Hier zeigt sie,
lebt sie ihre Fähigkeit zu Toleranz und Einsicht (Haus 9), und da
sie eine Stier-Venus ist, muß dies mit der Suche nach Sicherheit
und Zugehörigkeit in Zusammenhang gesehen werden.

10. *Merkur aus Haus 9 in Haus 8:* Der Merkur hat den Auftrag,
einmal getroffene Einsichten (Haus 9) zu persönlichen Wertvorstellungen (Haus 8) zu verarbeiten: Was einmal kapiert wurde
(Haus 9), wird sofort verbindlich in das Denken eingepfercht
(Haus 8), man ist von sich und seinen Erkenntnissen (Haus 9)
mehr als nur überzeugt (Haus 8). *Oder* das soziale Umfeld
(Haus 9) wird zur Grundlage persönlicher Prinzipien (Haus 8).
Dies geschieht jedoch mit einer sehr hohen Frequenz (Merkur)
und wirkt dadurch etwas unbeständig (Merkur), möglicherweise
hängt es von den gerade vorherrschenden Umständen (Merkur)
ab, welche Meinung vertreten wird.

11. *Mond aus Haus 10 in Haus 1:* Der Mond verkörpert den Auftrag, die gesellschaftliche Bedeutung (Haus 10) in den (körperlichen) Bedürfnissen (Haus 1) auszudrücken *oder* mein Lebensweg
(Haus 10) führt über die Auseinandersetzung mit dem Körper
(Haus 1), findet seine Entsprechung in den angeborenen Anlagen/
Begabungen (Haus 1). Dabei geht es sehr stark auch darum, ob
und wie man sich emotional damit identifizieren kann (Mond).

12. *Merkur aus Haus 12 in Haus 8:* Merkurs Auftrag ist es, die

Darstellung in der Gesellschaft/Öffentlichkeit (Haus 12) zur Quelle persönlicher Wertvorstellungen (Haus 8) zu machen: Je mehr Freiheit man von gesellschaftlichen Konventionen erlangt (Haus 12), um so eindeutiger sind die eigenen geistigen Prinzipien (Haus 8). *Oder* das Bild, daß die Gesellschaft von jemandem hat, beeinflußt entscheidend die Verbindlichkeit der eigenen Ideen. Dies funktioniert am besten auf dem Wege der Kommunikation und dem Austausch (Merkur).

Lösungsvorschläge zur Übung auf Seite 179

♂/♃ → 1. *Glückspilz*: Ein Glückspilz ist jemand, der bei der Durchsetzung (Mars) seiner Interessen von den Umständen, in denen er lebt, gefördert und begünstigt wird (Jupiter). 2. *Selbstüberschätzung*: Andererseits kann diese Konstellation darauf hinweisen, daß man seine eigenen Kräfte (Mars) für größer hält, als sie sind (Jupiter).

☽/♆ → 1. *Der sechste Sinn*: Menschen mit dieser Konstellation nehmen aufgrund ihrer feinen Antennen für alles, was sich um sie herum abspielt (Neptun), mehr wahr als andere (Mond) und haben deshalb ein gutes Gespür für die Entwicklung der Dinge. 2. *Übersensibel*: Andererseits können sie sich sehr schlecht von der Umwelt abschotten und fühlen sich von allem extrem betroffen (Neptun), was sie emotional sehr schwanken läßt (Mond).

☿/♇ → 1. *Überzeugungskraft*: Das Kommunikations- und Vermittlungstalent (Merkur) erhält eine charismatische und leidenschaftliche Note, die einen mitreißt (Pluto). 2. *Besserwisserei*: Auf der anderen Seite kann es zu einer dogmatischen Überhöhung (Pluto) des eigenen Wissens (Merkur) kommen: Man kann keine andere Meinung außer der eigenen gelten lassen.

☿/♃ → 1. *Redetalent*: Man versteht es, in Wort und Schrift (Merkur) seinen Gedanken einen für alle verständlichen und allen gerecht werdenden Ausdruck zu verleihen (Jupiter). 2. *Geschwätzigkeit*: Zu viele (Jupiter) Worte (Merkur).

♂/♄ → 1. *Fairneß*: Mit dieser Konstellation ist man in der Lage, sich durchzusetzen (Mars), ohne die Spielregeln (Saturn) zu verletzen. 2. *Karrieregeil*: Im anderen Falle ist man bereit, für seine gesellschaftliche Bedeutung (Saturn) jedes Mittel rücksichtslos (Mars) einzusetzen.

☉/♆ ➜ 1. *Intuitives Handeln:* Ganz wie von selbst folgen die Handlungen (Sonne) dem Gespür, stets zur richtigen Zeit an der richtigen Stelle zu sein (Neptun). 2. *Traumtänzer:* Hier ist man nicht in der Lage, in seinen Handlungen (Sonne) konkret zu werden, weil man keine Grenzen (Neptun) und damit keine Ziele hat.

☉/♅ ➜ 1. *Originalität:* Im Verhalten (Sonne) drückt sich die Individualität (Uranus) aus. 2. *Sprunghaftigkeit:* Es gelingt nicht, sein Handeln (Sonne) konsequent auf eine Sache auszurichten, da man sich immer wieder das Gegenteil (Uranus) vom ursprünglichen Ziel vornimmt.

Lösungsvorschläge zur Übung auf Seite 180

1. ☉ ☌ ☿[34]: Die verarbeiteten Eindrücke werden unmittelbar im Verhalten sichtbar: »gesagt, getan.« Denkt nicht lange nach, bevor er handelt.

2. ☉ ☍ ♅: Das Verhalten wird durch den Wunsch, anders zu sein, herausgefordert. Die Persönlichkeit wird daran festgemacht, welche besondere Rolle man in der Gesellschaft spielt. Kann unzuverlässig wirken.

3. ☽ □ ♂: Die Durchsetzung der eigenen Interessen gerät in Konflikt mit der Gefühlswelt. In der persönlichen Wahrnehmung ist die Welt ein Ort des Kampfes und der Aggression. Fühlt sich leicht emotional angegriffen.

4. ☽△♆: Nimmt mehr wahr als andere, hat ein gutes Gespür für übergeordnete Zusammenhänge, der »sechste Sinn«. Sehr sensibel und einfühlsam.

5. ☽ △ ♇: Die Empfindungsfähigkeit wird begleitet vom leidenschaftlichen Einsatz für eine Sache. Kann sich extrem gut in Situationen hineinfühlen und sie in ihrem Kern erfassen.

6. ☿ ☍ ♅: Das Denken/die Verarbeitung von Eindrücken wird durch Ungewöhnliches und aus der Rolle fallendes angeregt. Der »Querdenker«. Originelle bis hin zu abrupt die Richtung wechselnde (»Haken schlagende«) Denkweise.

7. ♂ ☌ ♃[35]: Die Durchsetzungskraft ist auf Erfolg programmiert,

erfährt Begünstigung durch die Umwelt. Man setzt seine Bedürfnisse mit Hilfe sozialer Kontakte durch. Tendenz dazu, seine Bedürfnisse zu wichtig zu nehmen.

8. ♃ △ ♄: *Dieser Aspekt ist nur sehr bedingt als persönlich zu betrachten – es sei denn, es findet sich ein Bezug zu den Häusern (siehe 9.).* Förderung durch die Gesellschaft geht Hand in Hand mit den Leistungen, die in die Gesellschaft gebracht werden. Keine Probleme mit gesellschaftlichen Themen. Manchmal nimmt man dies als zu selbstverständlich hin und versäumt es, sich erkenntlich zu zeigen: Man erscheint undankbar.

9. ♃ □ AC/DC: Dies (siehe 8.) könnte sich zu einem Spannungspotential aufbauen, das sich leicht gegen einen selbst richten kann. Man neigt dazu, sich zu wichtig zu nehmen, gibt sich mit Erfolg nicht zufrieden, will immer mehr für sich durchsetzen.

10. ♄ ✳ IC *und* ♄△MC[36]: Zielstrebigkeit beim Erreichen gesellschaftlicher Bedeutung. Gleichzeitig fähig, aus der Disziplinierung der Gefühlswelt Chancen für sich zu ziehen.

11. ♆ ☌ ☽: Dieser Aspekt hat keinen individuellen Stellenwert mehr.

Anmerkungen

[1] Unsere Gegenwart zeigt uns immer wieder, daß gestern noch für unum stößlich gehaltene Tatsachen und Ansichten, sei es in der Politik, in der Wissenschaft oder im sozialen Leben, von heute auf morgen ihre Gültigkeit verlieren können und ersatzlos gestrichen werden dürfen. Denken Sie an den Zusammenbruch des Kommunismus und damit das Verschwinden von Feindbildern über Nacht, oder aktuell an die veralteten Vorstellungen, die Renten oder Arbeitsplätze seien sicher. Gerade die heutige Zeit scheint in einem besonders hohen Maße vom Wegfall tradierter Wertmaßstäbe geprägt zu sein: »Anything goes.« Die dahinterliegenden Chancen halten sich dabei mit dem Verlust an Sicherheit und Stabilität ein empfindliches Gleichgewicht.

[2] Es ist allerdings recht üblich, daß gerade unter den Anhängern der esoterischen, aber auch der (tiefen-)psychologischen Tradition sehr viele Astrologen ihre Systeme auf der Annahme gründen, es gäbe so etwas wie eine übergeordnete Macht, der sich der Mensch nicht entziehen könne, ob man sie nun »kosmische Gesetze« oder Archetypen nennen mag. Ich halte diese Einstellungen für sehr unkreativ und äußerst bedenklich. Da ich prinzipiell den Menschen als freien Gestalter seines Lebens ansehe, haben solche Ideen hier keinen Platz.

[3] Prognose, ein sehr wichtiges Kapitel der Astrologie, das von manchen sogar als ihr Herzstück angesehen wird, soll uns in diesem Buch jedoch nicht weiter beschäftigen, zumal die Voraussetzung für eine gelungene Vorhersage stets die *gründliche* Kenntnis des Geburtshoroskops ist.

[4] Aus diesem Grund wird es in der Fachsprache oftmals einfach Radix genannt, die »Wurzel«, aus der sich das Leben des Individuums entfaltet.

[5] Eine zugegebenermaßen recht freie Übersetzung des Wortes. Wörtlich: *astron* der »Stern« und *logos* das »Wort«, vielfach einfach als »Lehre von den Sternen« übersetzt, so wie Biologie die Lehre vom Leben, Geologie die Lehre von der Erde etc. ist.

[6] Es ist mir sehr wichtig, darauf hinzuweisen, daß ich *bewußt* vermeide, Begriffe wie »kollektives Unbewußtes« und »Archetypen« einzuführen. Wie bereits angemerkt, suggerieren diese Ausdrücke einen psychologischen Fatalismus, der den Menschen diesmal nicht zum Spielball göttlicher Kräfte, sondern psychischer Mechanismen macht.

[7] Was nicht heißt, daß wir das allgemeine Wissen aus der wissenschaftlichen Sicht ignorieren dürfen. Im Gegenteil: Viele Tatsachen sind uns bereits so geläufig, daß sie in unserer Anschauung spontan mitschwingen

und als solche natürlich auch unsere Vorstellung von den Himmelskörpern entscheidend prägen. Dies wiederum schlägt sich durchaus auch auf die Interpretation der astrologischen Bilder nieder (vgl. Kapitel »Die Planeten«).

[8] Es sei dahingestellt, ob dies tatsächlich überhaupt möglich ist.

[9] Manchmal werden diese Bewegung und ihre Gegenbewegung mit dem Wechsel von Pluspol nach Minuspol verglichen, ein andermal mit vermeintlichen Gegensatzpaaren wie *männlich* und *weiblich*. Alle diese Begriffe sind jedoch zu sehr mit bestimmten soziokulturellen Wertungen behaftet, als daß sie dem eigentlichen Skript des Tierkreises entsprächen.

[10] Manchmal auch *fallende*, was mit der Vorstellung zusammenhängt, daß diese Zeichen die Endstufe eines kontinuierlichen Abfalls des Energieniveaus von den kardinalen über die fixen Zeichen darstellen.

[11] Eine Ausnahme von dieser Regel entsteht dann, wenn wir folgende Überlegung für die südliche Halbkugel der Erde anstellen: Dort finden wir die Jahreszeiten im Vergleich zur nördlichen Erdhälfte vertauscht (vgl. ✦ Tafel I.1.). Da wir die Bedeutung des Tierkreises aus den jahreszeitlichen Veränderungen ableiten, muß hier konsequenterweise gelten, daß die Sonne südlich des Äquators im Steinbock steht, wenn sie nördlich davon im Krebs steht, also immer im genau gegenüberliegenden Zeichen.

[12] Überlegen Sie doch mal: Welches astrologische Haus entspräche welchem Raum...?

[13] Zum Unterschied zwischen Sternbildern und Tierkreiszeichen ✦ Tafel III.3. und III.5.

[14] Tatsächlich messen Sonne und Mond optisch den gleichen Durchmesser, ein Umstand, dem wir *Sonnenfinsternisse* verdanken, wenn sich hin und wieder die Scheibe des Mondes vor die der Sonne schiebt.

[15] z. B. der Palolowurm.

[16] Konsequent trägt vor allen Dingen die chinesische Astrologie diesem Umstand Rechnung, die Sonne und Mond nicht zu den Planeten zählt und als eigene Gattung behandelt.

[17] So konnte dadurch die These nicht mehr aufrechterhalten werden, die Planeten bewegten sich auf kristallinen Sphären, denn die Jupitermonde hätten diese permanent durchstoßen müssen.

[18] Auch er besitzt wie Jupiter eine Satellitenfamilie, deren größter Mond *Titan* heißt und als einziger im Sonnensystem eine Atmosphäre aufweist.

[19] Herschel war es, dem wir den Nachweis zu verdanken haben, daß selbst die Sonne nicht das ruhende Zentrum der Welt ist, sondern daß sie wie alle Sterne im Universum eine Eigenbewegung besitzt – eine Erkenntnis, für die Giordano Bruno noch 1600 auf dem Scheiterhaufen sterben mußte.

[20] Und dieser wollte ihn eigentlich nach seinem König »Sidus Georgis« nennen!

[21] Es gibt auch die Anekdote, daß er auf Vorschlag der Tochter des Entdeckers nach Pluto, dem Hund von Mickey Mouse, benannt wurde.

[22] Bitte beachten Sie, daß sich kein mythologisches System auf das andere kopieren läßt: Ich habe hier ganz bewußt eine Auswahl an Charaktermerkmalen getroffen, die Ihnen helfen, *ein bestimmtes Planetenprinzip* wiederzuerkennen. In der Regel sind die einzelnen Figuren wesentlich komplexer und lassen sich nicht so eindeutig bestimmen. Es ist eben nichts weiter als eine Fingerübung und soll nicht den Glauben erwecken, unter der Diktatur astrologischer Prinzipien ließen sich alle Mythen der Welt zu einer Einheit zurechtstutzen.

[23] Dies sind nur Näherungswerte. Es gibt Zeichen, in denen steigt der Aszendent langsamer auf als in anderen. Dies hängt im wesentlichen von dem Ort ab, für den das Horoskop berechnet wird.

[24] Beachten Sie bitte auch folgendes: Wenn sich ein Planet sehr nahe an der Spitze des Folgehauses befindet, kann er bereits in dieses gezählt werden. Also: Befindet sich Jupiter zwar in Haus ⑧, aber ganz nahe an der Hausspitze ⑨, geht er bereits nach Haus ⑨. Als Formel gilt: Das letzte Sechstel eines Hauses gehört schon zum Folgehaus.

[25] Auf diesem Gedanken beruht übrigens die Lehre von den *Würden* und *Schwächen* eines Planeten in bestimmten Tierkreiszeichen. So ist ein Planet natürlich besonders stark in seinem eigenen Zeichen, seinem *Domizil*, während er im gegenüberliegenden Zeichen besonders *geschwächt* steht: im *Exil*. Die Tradition kennt noch eine Reihe weiterer Zuordnungen, die sich aber teilweise widersprechen.

[26] Früher bezeichnete man das erste Auftreten des Sichelmondes als Neumond oder Neulicht.

[27] Ein Sonderfall dieser Situation ist die *Sonnenfinsternis*. Diese kommt dann zustande, wenn sich Sonne und Mond exakt auf der gleichen Höhe befinden. Normalerweise weicht der Mond nämlich nach oben oder unten von der Ekliptik ab, so daß er mal über, mal unter ihr vorbei wandert.

[28] Diese Bezeichnung ist im Deutschen unüblich und ist dem Englischen »gibbous moon« entlehnt.

[29] Dies könnte auch die Ursache dafür sein, daß in vielen Kulturen die Sonne weiblichen Geschlechts ist: Sie ist eben die Mutter des Mondes (der oft die Rolle eines Sohnes hat und deshalb männlich ist). In der astrologischen Tradition wird der Mond auch oft mit der Kindheit gleichgesetzt.

[30] Der Abstand von 30° zwischen Neumond und Sichelmond hat zwischenzeitlich viel von seiner Bedeutsamkeit verloren. Er wird *Halbsextil* genannt.

[31] Ungenaue Aspekte nennt man übrigens auch *plaktische* Aspekte.

[32] In einem zweiten Schritt ist es natürlich möglich, auch orbitale Aspekte zu »individualisieren«, indem man sie mittels der Häuserherrscher-Methode an den Häuserkreis anbindet: Dazu betrachtet man an einem Aspekt teilnehmende Planeten als die Vertreter des Hauses, über welches sie in einem Horoskop herrschen. Im Beispielhoroskop 3 befindet sich die Sonne in einer Opposition zu Uranus. Sonne herrscht über Haus 11 und Uranus über Haus 5, damit vertritt Sonne die Themen von Haus 11 und Uranus die von Haus 5. In der Opposition dieser beiden Planeten offenbart sich also eine Gegenüberstellung der Themen von Haus 5 und Haus 11!

[33] Wenn der Herrscher eines Hauses bei sich »zu Hause« ist, fühlt er sich nur sich selbst gegenüber verpflichtet, sein Auftrag ist gewissermaßen »Selbstzweck«. Dadurch kommt sein Charakter als Planetenprinzip besonders unverfälscht zur Geltung (er befindet sich ja in seinen eigenen vier Wänden!). Bei Venus und Merkur muß dann unterschieden werden, ob sie im Sinne des Stier- oder des Waage-Prinzips (Venus) wirken bzw. im Sinne des Zwillinge- oder des Jungfrau-Prinzips (Merkur).

[34] Die Konjunktion ist der einzige Aspekt, der zwischen Sonne und Merkur möglich ist, da er sich maximal 28° auf der Ekliptik von ihr entfernen kann. Venus erreicht maximal 48° Abstand zur Sonne, deshalb gibt es auch bei beiden nur die Konjunktion und zusätzlich noch das Halbquadrat (45°) bei Venus.

[35] Venus bildet keine Aspekte zu den übrigen Planeten. Dies wirft die Frage auf, was unaspektierte Planeten in einem Horoskop bedeuten. Generell tendiere ich dazu, diesem Umstand nicht allzu große Bedeutung beizumessen. Denn ein Planet ohne Aspekte mag zwar auf diese Weise »unverbunden« wirken, durch das System der Häuserherrscher ist dennoch eng an das gesamte Gefüge der Konstellationen geknüpft.

[36] Beachten Sie bitte die Tatsache, daß ein Planet, der eine Hausspitze aspektiert, notwendigerweise auch die gegenüberliegende Hausspitze trifft. Dabei ergänzen sich die Hauptaspekte wie folgt: Eine Konjunktion auf einer Seite der Häuserachse hat immer eine Opposition zur anderen Seite zur Folge; ein Quadrat zur einen Seite bildet auch ein Quadrat zur anderen (siehe 9.); ein Trigon zur einen Seite erzwingt ein Sextil zur anderen. Die wechselseitigen Aspekte ergänzen sich also stets zu 180°.

Literaturhinweise

[1] Roscher, Michael, Das Astrologiebuch, Knaur Esoterik 1989.

[2] Roob, Alexander, Alchemie und Mystik, Taschen Verlag 1996, S. 9.

[3] Hamann, Brigitte, Die zwölf Archetypen, Knaur Esoterik 1991.

[4] Die Idee zur Übung stammt aus: Orban, Peter, Drehbuch des Lebens, Reinbek 1990.

[5] Roscher, Michael, Astrologie und Psychosomatik, Knaur TB 4280.

[6] Hamann, Brigitte, Grundmuster der Liebe, Knaur Esoterik 1997.

[7] Knappich, Wilhelm, Geschichte der Astrologie, Klostermann Verlag 1988, S. 31.

[8] Knappich, Wilhelm, Geschichte der Astrologie, Klostermann Verlag 1988, S. 52.

[9] Hamann, Brigitte, Die zwölf Archetypen, Knaur Esoterik 1991, S. 149 ff.

[10] Dahlke, Rüdiger/Klein, Nicolaus, Das senkrechte Weltbild, Heyne Verlag 1996, S. 70.

[11] Silo, Die Erde menschlich machen, Uzielli Verlag 1995.

[12] Hamann, Brigitte, Die zwölf Archetypen, Knaur Esoterik 1991, S. 162.

[13] Ruperti, Alexander, Kosmische Zyklen, Hamburg 1990.

[14] Roscher, Michael, Das Astrologiebuch, Knaur Esoterik 1989, S. 64 f.

[15] Rudhyar, Dane, Astrologische Aspekte, Hier & Jetzt 1992. Rudhyar, Dane, Der Sonne/Mond-Zyklus.

[16] Endres, Franz Carl/Schimmel, Annemarie, Das Mysterium der Zahl, Diederichs Verlag 1990.

[17] Roscher, Michael, Das Astrologiebuch, Knaur Esoterik 1998. Roscher, Michael, Astrologische Aspekte, Knaur Esoterik 1997.

Astrologie allgemein

Roscher, Michael, *Das Astrologiebuch*, Knaur Esoterik 1989.
Inzwischen ein Klassiker unter den Lehrbüchern, das durch den

Umfang des angebotenen Wissens ebenso besticht wie durch die Klarheit seiner Struktur. Hier finden Sie klar formulierte Anleitungen zur Berechnung von Horoskopen!

Roscher, Michael, *Praxis der Horoskopinterpretation*, Knaur Esoterik 1992.

Das Einführungswerk in Methodik und Technik des Kybernetischen Modells der vier Regelkreise. Sehr ausführliche Darstellung des ersten Regelkreises mit zahlreichen Beispielen und vielen Anregungen zur praktischen Anwendung. Dringend zu empfehlen!

Niehenke, Peter, *Astrologie. Eine Einführung*, Reclam Wissen 1994.

Weniger didaktisch, dafür äußerst informativ zum Wesen und zur Geschichte der Astrologie allgemein. Enthält viele interessante Hinweise aus der Forschung rund um die Astrologie.

Knappich, Wilhelm, *Geschichte der Astrologie*, Klostermann Verlag 1988.

DER Klassiker unter den Büchern über die Geschichte der Astrologie – von den Ägyptern bis ins 20. Jahrhundert.

Becker, Udo (Hrsg.), *Lexikon der Astrologie*, Herder Verlag 1997.

Ein kompaktes und in vielerlei Hinsicht sehr nützliches Nachschlagewerk zu allen Begriffen der Astrologie.

Der Tierkreis

Hamann, Brigitte, *Die zwölf Archetypen*, Knaur Esoterik 1991.

Ein profundes Werk, das nicht nur für den Laien, sondern auch für den Fortgeschrittenen immer wieder eine schier unerschöpfliche Quelle zum Verständnis der einzelnen Tierkreiszeichen darstellt. Ein Buch, mit dem Sie noch sehr lange arbeiten werden!

Dahlke, Rüdiger/Klein, Nicolaus, *Das senkrechte Weltbild*, Heyne Verlag 1996.

Wenn man einmal von dem sehr stark esoterisch angehauchten Kontext absieht, mit Sicherheit eine unschätzbare Fundgrube an Entsprechungen, um in die verschiedensten Facetten der Bilderwelt des Tierkreises einzutauchen.

Rudhyar, Dane, *Die astrologischen Zeichen*, Hugendubel Verlag 1987.

Eine sehr wichtige und den Horizont des Üblichen überschreitende Darstellung des Tierkreises. Hier liegt der Schwerpunkt auf der Dynamik, die sich zwischen Individuum und Kollektiv im Spiegel der Zeichen entfaltet.

Karrer, Iso, *Tierkreis und Jahreslauf*, Hugendubel Verlag 1997.

Ein aufschlußreiches Buch, in dem Mythos und Brauchtum zu den Tierkreiszeichen zusammengetragen wurden.

Der Häuserkreis

Rudhyar, Dane, *Das astrologische Häusersystem*, Rowohlt Verlag 1992.

Wie vieles von Rudhyar ungewöhnlich erhellend und von einer großartigen geistigen Tiefe. Für ein weiteres Studium der Beziehungen zwischen den Häusern der richtige Einstieg.

Sasportas, Howard, *Astrologische Häuser und Aszendenten*, Knaur Esoterik 1987.

Ein Buch, das auf der Grundlage der psychologischen Astrologie in die Häuserthematik einführt. Sehr umfangreich und detailliert.

Die Planeten

Roscher, Michael, *Der Mond*, Knaur Esoterik 1997.

Die ausgefeilteste und beste Darstellung über den astrologischen Mond, seine Position in den Tierkreiszeichen, den Häusern, Aspekten etc. Sollte in keiner astrologischen Büchersammlung fehlen.

Roscher, Michael, *Venus und Mars,* Knaur Esoterik 1988.

Roscher zeigt hier eingehend, wie unsere Fähigkeit, Beziehungen aufzubauen und aufrechtzuerhalten, an den Stellungen der Planeten Venus und Mars im Horoskop ablesbar ist. Etwas für Fortgeschrittene.

Hamann, Brigitte, *Lebensmuster*, Edition Astrodata 1994.

Sonne und Mond als Repräsentanten des väterlichen und mütterlichen Prinzips im Horoskop. Ausführliche und exzellente

Darstellung sämtlicher Konstellationen von einprägsamer psychologischer Tiefe.

Häuserherrscher und Aspekte

Hamann, Brigitte, *Grundmuster der Liebe*, Knaur Esoterik 1997.
Dahinter verbirgt sich eine brillant geschriebene Darstellung der Häuserherrscher-Konstellationen des siebten Hauses – dem Bereich der Begegnung. Viele Horoskopbeispiele und eine hervorragende Einführung in die Lehre von den Häuserquadranten.
Roscher, Michael, *Astrologische Aspekte*, Knaur Esoterik 1997.
Alle orbitalen Aspekte minutiös und detailreich zusammengestellt. Durch die Hinweise auf das Einbeziehen der Häuserherrscher in die Deutung ist es besonders wertvoll zur Interpretation der Aspekte auf individueller Ebene.
Rudhyar, Dane, *Astrologische Aspekte*, Hier & Jetzt 1992.
Ein wichtiges Buch zur Herleitung der Aspektbedeutungen aus der Anschauung und den planetarischen Zyklen.
Tierney, Bill, *Dynamik der Aspektanalyse*, Hugendubel Verlag 1990.
Sehr ausführliches und umfangreiches Buch über alle nur erdenklichen Aspektarten und Aspektfiguren. Viele Fallbeispiele.

Weitere Literaturhinweise

Astronomie

Herrmann, Joachim, *Wörterbuch zur Astronomie*, dtv 1996.
Szabó, Arpad, *Das geozentrische Weltbild*, dtv 1992.
Teichmann, Jürgen, *Wandel des Weltbildes*, Deutsches Museum 1996.

Mythologie

Diederichs, Ulf, *Germanische Götterlehre*, Diederichs Verlag 1987.
Herder Lexikon, *Germanische und keltische Mythologie*, Herder Verlag 1982.
von Ranke-Graves, Robert, *Griechische Mythologie*, Rowohlt Verlag 1985.

Zahlenmystik, Symbole

Endres, Franz Carl/Schimmel, Annemarie, *Das Mysterium der Zahl*, Diederichs Verlag 1990.

Heinz-Mohr, Gerd, *Lexikon der Symbole*, Diederichs Verlag 1981.

Roob, Alexander, *Alchemie und Mystik*, Taschen Verlag 1996.

Cooper, J. C., *Illustriertes Lexikon der traditionellen Symbole*, Drei Lilien 1986.

Psychologie, Soziologie, Philosophie

Watzlawik, Paul (Hrsg.), *Die erfundene Wirklichkeit*, Piper Verlag 1985.

Welsch, Wolfgang, *Unsere postmoderne Moderne*, Akademie Verlag 1997.

Beck, Ulrich u. a., *Eigenes Leben*, Beck'sche Reihe 1997.

Silo, *Die Erde menschlich machen*, Uzielli Verlag 1995.

Software für Astrologie

SunLight Through Windows 2.0

Copyright © Erik Memmert, Zweigstr. 10, D-82266 Inning am Ammersee.

Alle Horoskopgrafiken in diesem Buch wurden mit diesem Programm gestaltet.